高职高专汽车三融合新型教材

汽车机械识图

主　编　陈连云　吴良军
副主编　张永栋　王　尚
参　编　王力夫　谢少芳

机 械 工 业 出 版 社

本书紧扣现行职业教育汽车类专业汽车机械识图课程教学大纲要求，结合近年来汽车行业企业中职业岗位技能出现的新变化，精选汽车典型零部件作为实例，按照任务驱动式课程模式编写而成。

本书内容包括制图基础和汽车零件图与装配图的识读与绘制 2 个模块。模块 1 制图基础，主要内容有制图的基本知识及技能、投影基础、组合体的三视图、图样的基本表达方式；模块 2 汽车零件图与装配图的识读与绘制，主要内容有汽车零件图的识读与绘制、汽车装配图的识读与绘制。本书配备了学习工作页，内容包括测试题和技能训练。

本书配有教学资源（含 PPT、微课视频、动画、学生学习工作页题解、教学文件等）动画可扫二维码链接，方便教师授课和学生课外学习。

本书可作为高职高专、普通高等学校及中专技校的汽车类专业教材。

图书在版编目（CIP）数据

汽车机械识图/陈连云，吴良军主编. —北京：机械工业出版社，2021.1（2024.9 重印）

高职高专汽车三融合新型教材

ISBN 978-7-111-67453-5

Ⅰ.①汽⋯　Ⅱ.①陈⋯ ②吴⋯　Ⅲ.①汽车-机械图-识图-高等职业教育-教材　Ⅳ.①U462.1

中国版本图书馆 CIP 数据核字（2021）第 020231 号

机械工业出版社（北京市百万庄大街 22 号　邮政编码 100037）
策划编辑：蓝伙金　责任编辑：谢熠萌　赵　帅
责任校对：张　薇　封面设计：鞠　杨
责任印制：张　博
北京建宏印刷有限公司印刷
2024 年 9 月第 1 版第 6 次印刷
184mm×260mm·15.75 印张·382 千字
标准书号：ISBN 978-7-111-67453-5
定价：49.80 元

电话服务　　　　　　　　　　网络服务
客服电话：010-88361066　　机 工 官 网：www.cmpbook.com
　　　　　010-88379833　　机 工 官 博：weibo.com/cmp1952
　　　　　010-68326294　　金 书 网：www.golden-book.com
封底无防伪标均为盗版　机工教育服务网：www.cmpedu.com

高职高专汽车三融合新型教材
编审委员会

高职高专汽车三融合新型教材
编写委员会

主　　任：蔡兴旺（韶关学院）

副主任：欧阳惠芳（广州汽车集团股份有限公司）

　　　　曹晓光（广州科技职业技术大学）

　　　　毛　峰（东莞职业技术学院）

　　　　潘伟荣（广东交通职业技术学院）

　　　　王兆海（深圳职业技术学院）

　　　　黄　伟（广东机电职业技术学院）

　　　　夏长明（广州城建职业学院）

　　　　王玉彪（深圳风向标教育资源股份有限公司）

委　　员：（按姓氏拼音排序）

　　　　陈连云（广东交通职业技术学院）

　　　　邓志君（深圳职业技术学院）

　　　　郭海龙（广东交通职业技术学院）

　　　　刘奕贯（南京交通职业技术学院）

　　　　欧阳思（广州汽车集团零部件有限公司）

　　　　邱今胜（深圳信息职业技术学院）

　　　　孙龙林（深圳职业技术学院）

　　　　王丽丽（广州汽车集团股份有限公司）

　　　　王庆坚（广东交通职业技术学院）

　　　　王章杰（深圳风向标教育资源股份有限公司）

　　　　谢少芳（广东交通职业技术学院）

　　　　许睿奇（广州汽车集团零部件有限公司）

　　　　杨庭霞（广州松田职业技术学院）

　　　　叶冰雪（华南理工大学）

　　　　张永栋（广东交通职业技术学院）

　　　　郑锦汤（广州华商职业学院）

　　　　周　逊（广州珠江职业技术学院）

序

为认真贯彻执行教育部文件精神，服务汽车产业升级需要，在市场调研和专家论证的基础上，我们列出了"高职高专汽车三融合新型教材"选题18种，并组建一流的编写队伍，在一线行业专家和院校名师组成的编审委员会的指导下编写了本套教材。

一、编写的指导思想和原则

本套教材以高职"汽车检测与维修技术"专业为主，兼顾汽车运用技术、汽车电子技术等专业教学需要，对应汽车各专业诸多平台课（"汽车企业文化""汽车机械识图""汽车机械基础""汽车电工电子技术基础"等）、核心专业课（"汽车维修接待、沟通与管理""汽车维护""车载网络系统故障诊断与维修""汽车发动机管理系统故障诊断与维修""电动汽车与燃气汽车故障诊断与维修"等12个学习领域）和部分典型品牌汽车维修案例等大量教学资源。

1. 编写指导思想

以就业为导向，以岗位需求为核心，努力将职业素养、专业技能与企业文化深度融合（三融合），使学生在学习专业知识和技能的同时，接受职业素养教育和企业文化熏陶，培养爱国爱岗、敬业守信、精益求精的观念，健全的人格和良好的修养，崇尚工匠精神，建立社会主义核心价值观。

2. 编写原则

以"必需、够用"为编写原则，以企业需求为基本依据，以培养职业素养、专业技能与企业文化深度融合为主线，兼顾行业升级需要和降低城市雾霾等环境保护的新要求，突出新能源汽车等新知识、新技术、新工艺和新方法。

二、教材特色

本套教材从企业实际出发，以培养技术应用型人才为目标，在总结多年教学经验和已有教材的基础上，充分吸取先进职教理念和方法，形成如下特点：

1. 吸收国内外先进职教经验，体现科学性和时代性

认真吸取了中德职业教育汽车机电合作项目（SGAVE）和国家示范性院校、骨干院校专业建设项目等近年来国内外的最新教学改革成果，认真总结借鉴了参加教材编写院校的许多成功经验，使本套教材具有科学性和时代性。

2. 以"项目引领、任务驱动"为主线，实现"知行合一"

本套教材以客户要求和汽车维修过程为导向，以实际任务为驱动，以实际职业要求为目标，模拟企业服务流程，包括任务接受、任务接待、任务准备（含信息资料收集与学习、任务分析、维修计划制订、设备材料准备等）、任务实施（含故障检测、使用维修、安全环保、任务检查等）和任务交付的完整行动过程。有些教材直接由企业（广州汽车集团）主编（如《汽车企业文化》和《汽车维修接待、沟通与管理》）。结合国内保有量较大的汽车

车型，按照学生认识规律，从感性到理性，由浅入深，将汽车的结构、原理、运用、维护、故障诊断与维修有机融合，各教材均插入"学习工作页"，促进学、做结合，理论紧密联系实际，着力提高学生的实践技能、综合素质和就业能力。

3. 内容上力求反映行业最新技术发展动态

为了尽可能满足行业升级需要、减少污染等环境保护的新要求，本套教材讲解了车载网络系统、电控管理系统和新能源汽车等汽车前沿最新技术，突出介绍汽车新知识、新技术、新工艺和新方法。

4. 体现中高职的有效衔接，避免重复或空白

本套教材从体系上既考虑普遍性，也考虑专项针对性，以适应不同层次、不同起点的教学需要。

5. 形式活泼，教学资源丰富

本套教材适应高职学生特点，除了主教材外，还配以"学习工作页"和大量的教学资源（含微视频/动画、学习工作页题解和教学资源包等），通过扫描二维码可链接教学资源，方便教师授课和学生课外学习。

三、教材编写队伍

本套教材由华南理工大学、韶关学院、广东交通职业技术学院、深圳职业技术学院、广州科技职业技术大学、东莞职业技术学院、广东机电职业技术学院、广州珠江职业技术学院、深圳信息职业技术学院、南京交通职业技术学院等10多所职业院校和广州汽车集团股份有限公司、深圳风向标教育资源股分有限公司等组织编写。编写成员包括企业高管、企业专家、技术骨干和院校院/校长、专业名师、学科带头人和骨干教师。

本套教材成立了教材编审委员会和教材编写委员会，在教材编审委员会的指导下，编写委员会参考中德职业教育汽车机电合作项目（SGAVE）课程大纲要求，结合企业需要，列出选题计划，并统一教材编写的指导思想、原则和体例等。通过自荐或他荐方式，确定了多名教授领衔主编，并要求主编拟定各自负责的教材编写大纲、体例和样章。每本教材的编写大纲、体例和样章都经过三名专家主审，以便集思广益。为了精益求精，许多教材的编写大纲经过多次反复修改。编写中结合优质院校、一流专业等建设项目，充分体现了"产教结合，校企合作"的开发特色，使教材反映了最新的技术和最新的教学成果。最后，由蔡兴旺教授统一定稿。这些为保证教材的质量、水平奠定了坚实的基础。

"高职高专汽车三融合新型教材"编审委员会

"高职高专汽车三融合新型教材"编写委员会

出 版 说 明

教材是教学过程的主要载体，加强教材建设是深化教学改革的有效途径，是推进人才培养模式改革的重要条件，也是保障教学基本质量、培养高端技能型人才和技术应用型人才的重要基础。

一、培养目标说明

本套教材从职业分析入手，对职业岗位进行了能力分解（包括倾听客户抱怨、技术咨询、维修检测、专业工具和仪器设备操作、故障诊断和维修保养），确定了高职高专汽车检测与维修技术专业的培养目标，即面向汽车"后市场"，培养具有与本专业相适应的水平和良好的职业道德，掌握一定的专业理论知识，具备较强的实践技能、实际工作能力和经营管理能力，德、智、体、美、劳等方面全面发展的高等技术应用型人才。

二、职业素养的内容体系

1. 职业基本素养

（1）意识素养　意识素养包括敬业乐业意识、责任意识、团队合作意识和职业规划意识。

（2）道德素养　道德素养包括社会基本道德品质素养和职业品行修养，要养成诚信、文明礼貌、勤俭自强、乐于助人的良好品质。

（3）文化素养　不但要有计算机知识、外语和专业基础等相关文化知识，还要了解有关汽车企业的文化和发展理念。

2. 能力素养

（1）一般能力　一般能力主要指智商和情商。智商包括记忆力、思维能力、逻辑推理能力、空间想象能力和表达能力等；情商包括情绪控制能力、自我控制能力和人际交往能力。

（2）专业技能　专业技能主要通过专业课学习、培训开发转化而成。专业课应以岗位工作任务为依据，以项目为导向，以任务驱动为原则构建教学内容，采取"教、学、做"一体化来开展教学活动，并重视通过校企合作、工学交替、顶岗实习等人才培养模式改革来培养和提高专业技能。专业技能可以分为一般专业能力和核心专业能力。

① 一般专业能力是应用能力、汽车阅读能力和汽车驾驶能力。

② 核心专业能力是汽车拆装、检查、修理能力，汽车故障诊断能力，汽车性能检测能力和汽车维修企业管理能力。

（3）综合能力　综合能力是一般能力和专业技能的运用能力，既涉及特定的专业综合能力，又涉及跨专业的职业核心能力。

1）专业综合能力包括下列能力：

① 能专业地使用有关维修工具、诊断系统、测量仪和信息系统。

② 能按照维修手册、电路图和工作说明进行操作作业，会选取材料和备件并完成订购过程，能熟练地拆卸和安装部件和总成，并对不同部件进行维修，且维修时采取质量保证措施，保持工位的有序（5A）和整洁（5S）。

③ 能独立制订工作计划并实施，使工作过程可视化。

④ 能查找资料与文献，以取得有用的知识。

⑤ 能处理优惠和索赔委托任务。

2）专业的职业核心能力包括信息处理能力、沟通能力、组织协调能力和创新能力。

① 信息处理能力，即对信息的识别、整合和加工的能力。

② 沟通能力，是指人在交往过程中所表现出来的联络与协调能力。

③ 组织协调能力，是指从工作任务出发，对资源进行分配、调控、激励和协调，以实现工作目标的能力。

④ 创新能力，是指创新事物、方法的能力。近年来，我国大力提倡教育要培养具有创新精神、创新意识和创新能力的人才，因此有必要在有关课程和教学活动中引导、培养创新创业、技改意识和能力，使学生养成勤用脑、多用手、大胆想、敢突破的创新精神和能力。

三、资源说明

本套教材围绕职业教育"教、学、做"三个服务维度开发。每本教材由主教材和学习工作页两部分组成。主教材部分主要由构造、原理和检修内容组成。学习工作页部分包含理论学习和实训。理论学习又包括课前预习和课后习题（如填空、填图、问答、班级交流等），以评价学习是否达标；实训则注重流程和方法的掌握。

本套教材在内容选材、编写和呈现方式等多方面加强精品化建设，采用双色印刷，同时配有教学资源包、微视频/动画、学习工作页题解等教学资源，为教、学、练、考提供便利。

教学资源包：包括教学课件和相关微课等资源，供教师上课、学生课前预习和课后复习使用，可以登录机械工业出版社教育服务网 www.cmpedu.com 注册下载。咨询电话010-88379375。

微视频/动画：对于课本中的部分重点、难点，以视频形式给予讲解，读者可以用手机或平板电脑扫描书中二维码链接观看。

学习工作页题解：配有每个项目的学习工作页题目解答，供做作业时参考。

机械工业出版社

前　言

本书根据教育部现行职业教育改革要求，结合近年来汽车行业企业岗位技能要求的变化，采用现行机械制图和技术制图等国家标准进行编写。

本书编写的指导思想以"必需、够用"为原则，以岗位职业能力需求为核心，将专业知识、职业素养与专业技能相融合，培养学生的空间想象能力和良好的职业素养。本书在多年来课程改革的基础上，结合高职高专院校汽车专业的教学实际，由多家企业完成，力求满足高等职业技术院校培养技术技能型人才的需要。

本书有如下特点：

1) 采用模块化课程结构，包括"制图基础"和"汽车零件图与装配图的识读与绘制"。既侧重制图的基本知识和基本技能的培养，又突出知识的综合应用能力训练。

2) 结合汽车行业企业岗位技能要求，融入相关汽车真实案例，突出实际应用。

3) 全部采用现行机械制图和技术制图等国家标准。

4) 本书内容分为课堂教材和学习工作页两个部分。学习工作页包括教材相应单元的测试题和技能训练。

5) 党的二十大报告指出："推进教育数字化，建设全民终身学习的学习型社会、学习型大国。"本书深入贯彻落实教育数字化的理念，配备了丰富的教学资源，包括教材、课件、课程微课和习题集，为教学组织提供较大的选择空间。

参加本书编写的人员有广东交通职业技术学院陈连云（单元5中5.1、5.3~5.8及单元6)，吴良军（单元3~4)，张永栋（单元2)，王尚（单元5中5.2)，王力夫（单元1中1.1和1.3)，谢少芳（单元1中1.2)，全书由陈连云统稿。

本书在编写过程中，得到了兄弟院校同仁和企业专家的大力支持和帮助，在此一并表示感谢。本书的出版得到了机械工业出版社的大力支持和热情帮助，在此表示衷心感谢。对于本书所引用文献资料的作者表示敬意和感谢。

由于编者水平有限，书中难免存在疏漏和不足之处，希望读者批评指正。

编　者
于广州

二维码索引

（续）

目 录

模块1 制图基础

单元1 制图的基本知识及技能

学习目标

1）了解图样是传递和交流技术信息及思想的媒介和工具，是工程界通用的技术语言（图1-1）。

2）熟悉和理解相关国家标准的基本规定。

3）学会正确使用绘图工具和仪器。

4）掌握绘图基本技能。

知识结构图

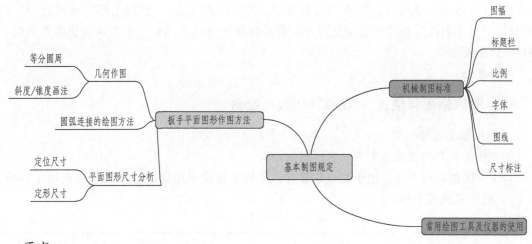

重点：

1. 掌握机械制图国家标准的基本规定。

2. 掌握圆弧连接的基本原理。

难点：

汽车扳手平面图形的绘制。

1.1 机械制图标准

任务描述：图1-1所示为汽车柱塞套零件图，一幅工程图样有哪些相关的标准要求呢？

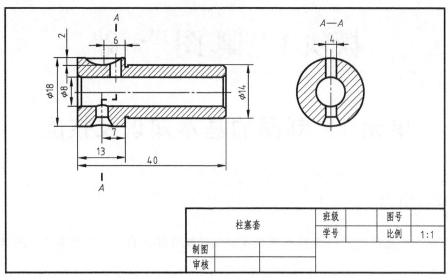

图 1-1　柱塞套零件图

技术制图和机械制图类国家标准是工程技术重要的技术基础标准，是绘制和阅读机械图样的准则和依据。

任务分析：我国国家标准（简称国标）的代号是"GB"。如 GB/T 17453—2005《技术制图　图样画法　剖面区域的表示法》的标准代号 GB/T 17453—2005 中，GB/T 表示推荐性国标，17453 为标准编号，2005 为发布年号。需要注意的是，"机械制图"标准适用于机械图样，"技术制图"标准则普遍适用于工程界各种专业技术图样。下面来认识图样中的一些相关标准要求。

知识准备：

一、图纸幅面和格式（GB/T 14689—2008）

1. 图纸幅面尺寸

图纸幅面是指由图纸宽度与长度组成的图面。

为了使图纸幅面统一，便于装订和管理，绘制工程技术图样时应按以下规定选用幅面，a、c、e 的含义见表 1-1。

表 1-1　图纸幅面尺寸　　　　　　　　　　　（单位：mm）

幅面代号	幅面尺寸 $B \times L$	边框尺寸		
		a	c	e
A0	841×1189			20
A1	594×841		10	
A2	420×594	25		
A3	297×420		5	10
A4	210×297			

绘制技术图样时，应优先采用表 1-1 中规定的图纸基本幅面尺寸。必要时也允许加长幅面，但应按短边整数倍增加，如图 1-2 所示。

2. 图框格式和尺寸

图纸上限定绘图区域的线框称为图框。在图纸上必须用粗实线画出图框，其格式分为留装订边和不留装订边两种，但同一产品的所有图样只能采用一种格式。见表 1-2，表中 a、c、e 的尺寸按表 1-1 的规定画出。加长幅面的图框尺寸，按所选用的基本幅面大一号的周边尺寸确定。

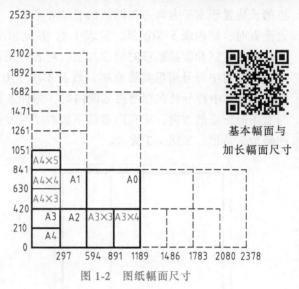

基本幅面与加长幅面尺寸

图 1-2　图纸幅面尺寸

表 1-2　图框格式和尺寸

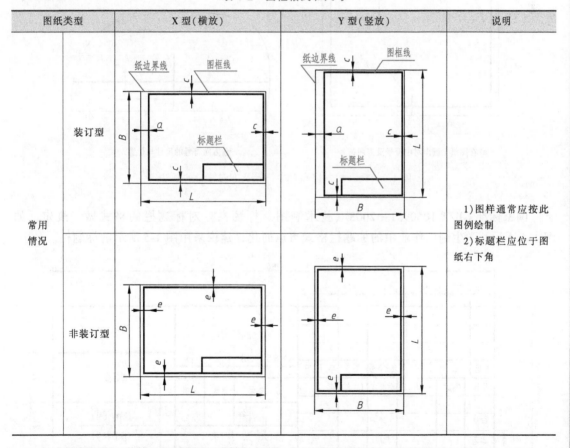

图纸类型	X 型（横放）	Y 型（竖放）	说明
常用情况（装订型 / 非装订型）			1）图样通常应按此图例绘制 2）标题栏应位于图纸右下角

二、标题栏（GB/T 10609.1—2008）

为便于管理及查阅图样，每张图纸都要有标题栏。标题栏应位于图纸的右下角。当标题

栏的长边置于水平方向并与图纸的长边平行时，则构成 X 型图纸；当标题栏长边与图纸长边垂直时，则构成 Y 型图纸，见表 1-2。在此情况下，标题栏中的文字方向为看图方向。为了使图样复制和缩微摄影时定位方便，对各号图纸，均应在图纸各边长的中点处分别画出对中符号。对中符号用粗实线绘制，线宽不小于 0.5mm，长度从纸边界开始至伸入图框内约 5mm。当对中符号处在标题栏范围内时，则伸入标题栏部分省略不画。另外，为了明确绘图与看图时图纸的方向，应在图纸的下边对中符号处画出方向符号，方向符号是用细实线绘制的等边三角形，如图 1-3 所示。

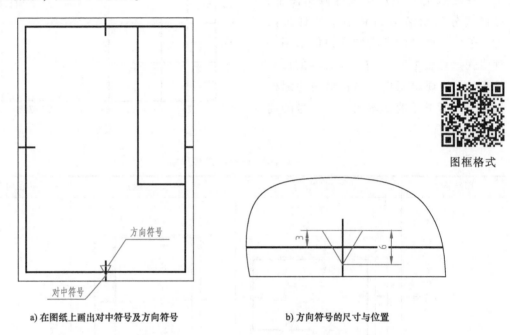

a) 在图纸上画出对中符号及方向符号　　　b) 方向符号的尺寸与位置

图 1-3　标题栏方位和对中符号及方向符号的画法

国家标准 GB/T 10609.1—2008《技术制图　标题栏》对标题栏的格式做了规定，如图 1-4 所示。学生制图作业中的标题栏格式可以简化，建议采用图 1-5 所示的标题栏。

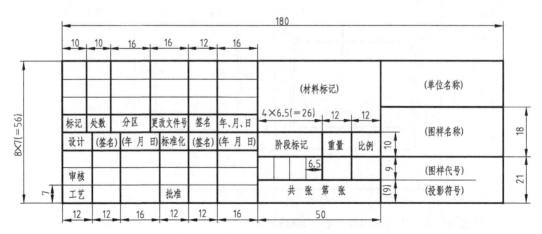

图 1-4　标题栏格式

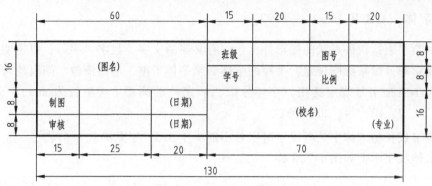

图 1-5 学校常用标题栏格式

三、比例（GB/T 14690—1993）

比例是指图样中图形与其实物相应要素的线性尺寸之比。绘图时，应从表 1-3 规定的系列中选取比例，并在标题栏的比例栏中填写。画图时，应尽量采用 $1:1$ 的比例画图，同一张图样上的各图形一般采用相同的比例绘制。若机械零件太大或太小，可采用缩小或放大比例绘制。必须注意，不论缩小或放大比例绘图，在标注尺寸时，均按机件的实际尺寸大小标注，如图 1-6 所示。

表 1-3 比例系列

种类	比例	
	优先选取	允许选取
原值比例	$1:1$	—
放大比例	$5:1$ $2:1$ $5 \times 10^n:1$ $2 \times 10^n:1$ $1 \times 10^n:1$	$4:1$ $2.5:1$ $4 \times 10^n:1$ $2.5 \times 10^n:1$
缩小比例	$1:2$ $1:5$ $1:10$ $1:2 \times 10^n$ $1:5 \times 10^n$ $1:1 \times 10^n$	$1:1.5$ $1:2.5$ $1:3$ $1:4$ $1:6$ $1:1.5 \times 10^n$ $1:2.5 \times 10^n$ $1:3 \times 10^n$ $1:4 \times 10^n$ $1:6 \times 10^n$

注：n 为正整数。

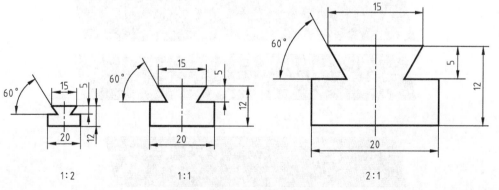

图 1-6 用不同比例画出的图形

四、字体（GB/T 14691—1993）

图样中除了表达机件形状的图形外，还应有必要的文字、数字、字母，以说明机件的大小、技术要求等。国家标准规定，书写的字体必须字体工整、笔画清楚、间隔均匀、排列整齐。字的大小应按字号规定选用，字体号数代表字体的高度 h（单位为 mm），分为 1.8、2.5、3.5、5、7、10、14、20 八种。

汉字应写成长仿宋体字。写汉字时字号不能小于 3.5，字宽一般为 $h/\sqrt{2}$。

长仿宋体汉字示例如图 1-7 所示

7号字	字体工整笔画清楚 间隔均匀 排列整齐
5号字	横平竖直注意起落结构均匀填满方格
3.5号字	技术制图机械电子汽车航空船舶土木建筑矿山港口纺织服装
2.5号字	螺纹齿轮端子接线飞行指导驾驶舱位挖填施工通风闸阀棉麻化纤

图 1-7　长仿宋体汉字示例

字母和数字分 A 型和 B 型，A 型字体的笔画宽度（d）为字高（h）的 1/14，B 型字体的笔画宽度（d）为字高（h）的 1/10。字母和数字可写成直体和斜体。常用的是斜体字，其字头向右倾斜，与水平基准线成 75°。字母和数字的字体示例如图 1-8 所示。

图 1-8　字母与数字字体示例

A型阿拉伯数字斜体：

图 1-8　字母与数字字体示例（续）

五、图线（GB/T 4457.4—2002）

机械图样中图线的宽度分为粗、细两种，它们之间的线宽比为 2∶1，图线的线型及应用见表 1-4。线型的宽度为 d，d 的数值应按图样的类型和尺寸大小在 0.13mm、0.18mm、0.25mm、0.35mm、0.5mm、0.7mm、1mm、1.4mm、2mm 中选取。GB/T 4457.4—2002《机械制图　图样画法　图线》中规定优先采用粗（细）线宽分别为"0.5（0.25）mm 和 0.7（0.35）mm"两种组别线宽。图线的应用如图 1-9 所示。

表 1-4　图线的线型及应用

序号	名称	线型	应用场合
1	粗实线	———————	可见棱边线、可见轮廓线、相贯线、螺纹牙顶线、剖切符号用线等
2	细实线	———————	尺寸线、尺寸界线、剖面线、辅助线、重合断面的轮廓线、表示平面的对角线、指引线和基准线、过渡线、螺纹牙底线及齿轮的齿根线等
3	波浪线	∿∿∿	断裂处边界线、视图与剖视图的分界线①
4	双折线	⌁⌁⌁	断裂处边界线、视图与剖视图的分界线①
5	细虚线	- - - - 12d　3d	不可见棱边线、不可见轮廓线
6	细点画线	24d　3d　≤0.5d	轴线、对称中心线、齿轮的分度圆及分度线等

（续）

序号	名称	线型	应用场合
7	粗点画线	24d 3d ≤0.5d	限定范围表示线
8	细双点画线	24d 3d ≤0.5d	相邻辅助零件的轮廓线、中断线、可动零件的极限位置的轮廓线、成形前轮廓线、轨迹线等
9	粗虚线	12d 3d	允许表面处理的表示线

① 在一张图样上一般采用一种线型，即采用波浪线或双折线。

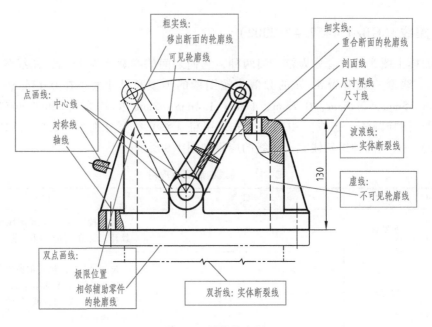

图 1-9　图线的应用

在绘制图样时，应注意以下事项：

1）同一张图样中同类图线的宽度应基本一致。虚线、细点画线及细双点画线的线段长度和间隔应各自大致相同。

2）绘制圆的对称中心线时，圆心交点应为线段相交，首末两端应是线段而不是短画或点，且超出图形外 2~5mm。如图 1-10 所示。

3）虚线与虚线相交或虚线与其他线相交时，应以线段相交，而不应在空隙处相交。当虚线是粗实线的延长线时，连接处应留空隙。当虚线圆弧与虚线直线相切时，虚线圆弧应画到切点，而虚线直线应留有空隙，如图 1-11 所示。

4）除非另有规定，两条平行线之间的最小间隙不得小于 0.7mm。

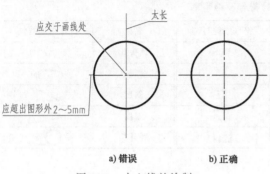

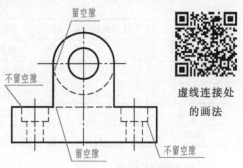

虚线连接处
的画法

图 1-10 中心线的绘制 　　　　　图 1-11 虚线连接处的画法

六、尺寸标注

1. 尺寸标注的基本规则

1）零件的真实大小应以图样上所标注的尺寸数值为依据，与图形的比例及绘图的准确度无关。

2）图样中（包括技术要求等）的尺寸以 mm（毫米）为单位时，不必注明单位符号（或名称）。若采用其他单位，则应注明相应的单位符号。

3）图样中所标注的尺寸为该图样所示零件的最后完工尺寸，否则应另加说明。

4）零件的每一个尺寸，一般只标注一次，并应标注在表示结构最清晰的图形上。

2. 尺寸的组成要素

零件的尺寸由尺寸界线、尺寸线（含尺寸线终端）和尺寸数字三个要素组成，如图 1-12 所示。

尺寸界线和尺寸线画成细实线，尺寸线终端有箭头和斜线两种形式。通常机械图样的尺寸线终端画箭头，建筑图的尺寸线终端画斜线。当没有足够的空间画箭头时，可用小圆点代替。尺寸数字一般注写在尺寸线的上方。如图 1-13 所示。

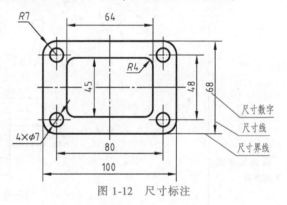

图 1-12 尺寸标注

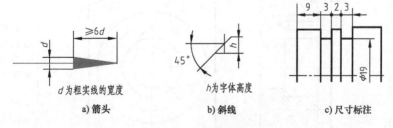

图 1-13 尺寸线终端及标注

3. 标注尺寸的符号及缩写词

标注尺寸的符号及缩写词见表 1-5。

表 1-5　标注尺寸的符号及缩写词

名称	符号或缩写词	名称	符号或缩写词	名称	符号或缩写词
直径	ϕ	均布	EQS	埋头孔	$\vee$
半径	R	45°倒角	C	弧长	$\frown$
球直径	$S\phi$	正方形	$\square$	斜度	$\angle$
球半径	SR	深度	$\downarrow$	锥度	$\triangleleft$
厚度	t	沉孔或锪平	$\sqcup$	展开长	$\circlearrowright$

4. 尺寸标注示例

尺寸标注示例见表 1-6。

表 1-6　尺寸标注示例

标注内容	示例	说明
线性尺寸数字的方向	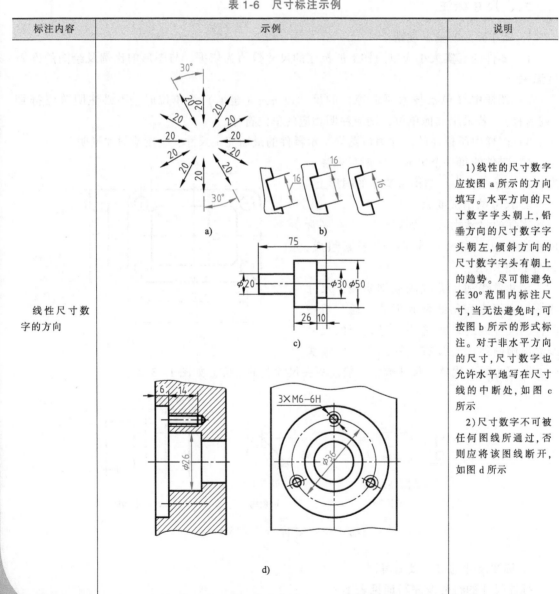	1）线性的尺寸数字应按图 a 所示的方向填写。水平方向的尺寸数字字头朝上,铅垂方向的尺寸数字字头朝左,倾斜方向的尺寸数字字头有朝上的趋势。尽可能避免在 30° 范围内标注尺寸,当无法避免时,可按图 b 所示的形式标注。对于非水平方向的尺寸,尺寸数字也允许水平地写在尺寸线的中断处,如图 c 所示 2）尺寸数字不可被任何图线所通过,否则应将该图线断开,如图 d 所示

（续）

标注内容	示例	说明
角度	a) b)	1）角度的尺寸界线应沿径向引出，尺寸线是以角的顶点为圆心画出的圆弧线 2）角度的尺寸数字一律写成水平方向，一般注写在尺寸线的中断处，如图 a 所示，必要时也可按图 b 所示形式标出
圆的直径		1）标注圆的直径尺寸时，应以圆周为尺寸界线，尺寸线必须通过圆心 2）大于半圆的圆弧，必须标注直径 3）标注直径时，必须在尺寸数字前加注符号"φ"
圆弧的半径		标注小于或等于半圆的圆弧尺寸时，应标注半径，并在尺寸数字前加注符号"R"
大圆弧的半径	a) b)	当圆弧的半径过大或在图纸范围内无法标出其圆心位置时，可按图 a 所示的形式标注。若不需要标出其圆心位置，可按图 b 所示的形式标注
小尺寸		在没有足够的位置画箭头或注写数字时，可按左图所示的形式标注。此时，允许用圆点或斜线代替箭头

5. 尺寸标注注意事项

（1）数字　同一张图样上的尺寸数字字体高度要一致，一般采用 3.5 号字，不能根据数值的大小而改变字体的大小；字体应按国家标准规定书写，间隔要均匀。

（2）箭头　在同一张图样上箭头的大小应一致。

（3）尺寸线　互相平行的尺寸线间距要相等，尽量避免尺寸线相交。尺寸标注的相关要求如图 1-14 所示。

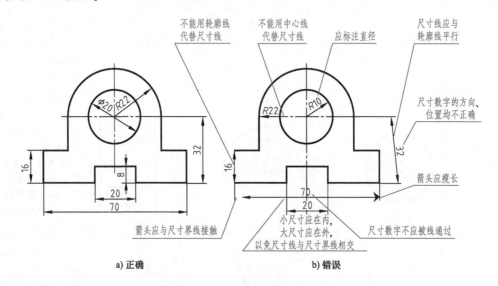

图 1-14　尺寸标注的相关要求

1.2　常用绘图工具及仪器的使用

任务描述：手工绘图是指用铅笔、丁字尺、三角板和圆规等绘图工具来绘制图样。正确使用绘图工具及仪器，是保证绘图质量和绘图效率的重要方面。

任务分析：手工绘图是工程技术人员必备的基本技能，同时也是学习制图基础理论的重要方法，必须熟练掌握。

知识准备：

一、图板和丁字尺

绘图时，先将图纸用胶带纸固定在图板上，丁字尺尺头紧靠图板左侧工作边，如图 1-15 所示。画线时，铅笔垂直纸面向右倾斜一定角度，丁字尺主要用于画水平线，画垂直线时，必须配合三角板完成，如图 1-16 所示。

二、三角板

一副三角板由 45°和 30°（60°）两块直角三角板组成。三角板与丁字尺配合使用可画垂直线，如图 1-16 所示。还可以画出与水平线成 15°、30°、45°、60°以及 75°等的倾斜线，如

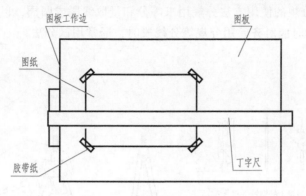

图 1-15　使用图板和丁字尺

丁字尺和三角
板的使用

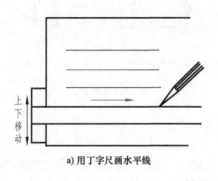

a) 用丁字尺画水平线

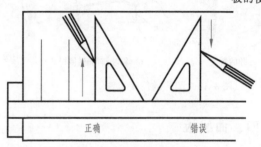

b) 丁字尺与三角板配合画垂直线

图 1-16　画水平线与垂直线

图 1-17 所示。

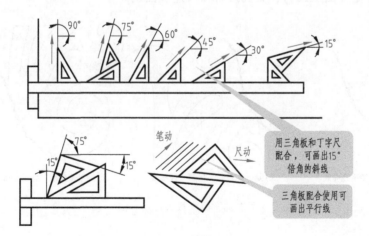

图 1-17　画倾斜线

30°、60°直线
画法

45°直线画法

15°、75°直线
画法

三、圆规和分规

图 1-18 所示为圆规的使用方法。圆规用来画圆与圆弧。画圆时，应尽量使钢针和铅芯都垂直于纸面，钢针的台肩与铅芯应平齐。

图 1-19 所示为分规的使用方法分规用来等分和量取线段或圆周，以及在尺上量取尺寸。分规的两个针尖并拢时应对齐。用分规等分线段时，通常用试分法。

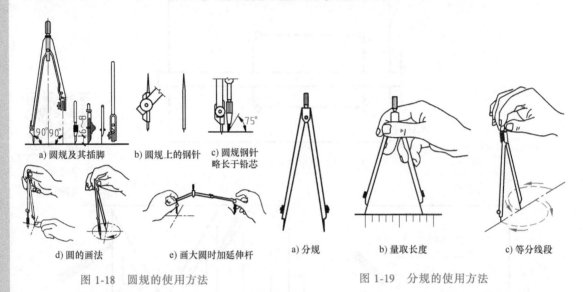

a) 圆规及其插脚　　b) 圆规上的钢针　　c) 圆规钢针略长于铅芯

d) 圆的画法　　　　e) 画大圆时加延伸杆

图 1-18　圆规的使用方法

a) 分规　　　　b) 量取长度　　　　c) 等分线段

图 1-19　分规的使用方法

四、曲线板

曲线板也称为云形尺，是用来绘制非圆曲线的工具之一。绘图时，先徒手将已知曲线上的一系列点轻轻地连成曲线（图 1-20a），然后，从一端开始，选择曲线板上与所画曲线曲率吻合的部位逐段描绘（图 1-20b），一般 3 点为一段，然后再与上次搭接，前后描绘的两段应有一小段重复（图 1-20c），直到最后一段连成曲线。

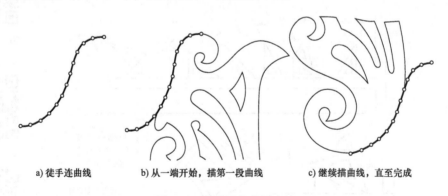

a) 徒手连曲线　　b) 从一端开始，描第一段曲线　　c) 继续描曲线，直至完成

图 1-20　曲线板的使用方法

五、铅笔

铅笔铅芯的硬度用字母 H、B 表示。H 前的数值越大，表示铅芯越硬，如 H、2H；B 前的数值越大表示铅芯越软，如 B、2B。HB 表示铅芯软硬适中。H、2H 铅笔用于画各种细线和打底稿；B 或 HB 铅笔用于加深加粗完成全图；写字时用 HB 铅笔。绘图时根据不同的使用要求，选用合适的铅笔。铅芯可修磨成锥状或铲状（图 1-21）。锥状铅芯用于画细线及书

写文字，铲状铅芯用于描深粗实线。

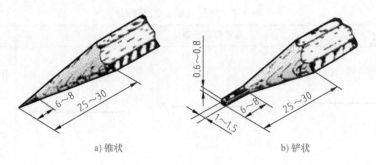

a) 锥状　　　　　　　　b) 铲状

图 1-21　铅芯形状

1.3　扳手平面图形作图方法

任务描述：机械轮廓图形都是由直线、圆弧和其他曲线组成的几何图形。图 1-22 所示的扳手平面图中，有些线段可根据给定的尺寸关系直接画出，而有些线段需要根据两线段的几何条件作出。

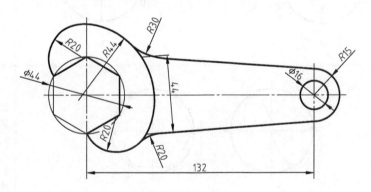

图 1-22　扳手平面图

任务分析：扳手平面图的画法：分析图形，首先分析图形中的尺寸关系，找出定位尺寸、定形尺寸，其次分析线段，通过分析了解图形中的各种线段的形状、大小、相对位置，从而确定画图的顺序。

知识准备：平面图形由若干直线和曲线封闭连接组合而成，这些线之间的相对位置和连接关系根据给定的尺寸来确定。在绘图前应对图形进行分析，从而确定正确的作图方法和步骤。

一、几何作图

绘图前掌握基本作图方法，是提高绘图速度、保证绘图质量的基本技能之一。表 1-7 和表 1-8 列出了常用的基本作图方法。

1. 常用等分

表 1-7　常见直线、圆弧等分

项目	简单作图步骤			说明
等分任意已知线段	 a)	 b)	 c)	1) 以点 A 为端点作任意射线 AC(图 a) 2) 在射线上以端点 A 为起点,依次截取 5 个等分点(图 b) 3) 连接 5B,分别过射线等分点作 5B 的平行线,交线段 AB 的各点,即为所求(图 c)
作已知圆的内接三角形	 a)	 b)		
作已知圆的内接六边形	 a)	 b)		1) 分别以点 A 为圆心,AO 为半径作圆,作等分点 1、2、3、4(图 a) 2) 分别连接点 A、2、3、B、4、1,即得内接六边形(图 b)
作已知圆的内接五边形	 a)	 b)	 c)	1) 作 OB 中点 E(图 a) 2) 以点 E 为圆心,CE 为半径作圆弧,交 OA 于点 F,CF 长即为所作五边形的边长(图 b) 3) 以点 C 为圆心,CF 为半径,将圆周五等分,依次连接等分点,即得所求五边形(图 c)

2. 圆弧连接作图举例

用一段圆弧光滑地连接相邻两已知线段（直线或圆弧）的作图方法称为圆弧连接。圆

弧连接有内切和外切两种，作图方法见表 1-8。

表 1-8　常见的几种圆弧连接作图方法举例

连接要求	作图方法和步骤(连接弧半径为 R，已知圆弧半径分别为 R_1、R_2)		
	求圆心 O	求切点 m、n	画连接弧
连接相交 两直线			
连接一直线 与一圆弧			
外切两圆弧			
内切两圆弧			

图 1-23 所示的凸轮，连接两端圆弧 $\phi40$、$R10$ 的圆弧 $R50$、$R10$ 为连接弧，分别为内切弧和外切弧。

圆弧连接一般作图步骤为：

1）求连接弧的圆心。

2）求切点。

3）画连接弧。

二、平面图形的尺寸分析

平面图形的尺寸分析就是分析平面图形中所有尺寸的作用及图形与尺寸之间的关系。在标注和分

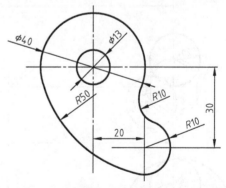

图 1-23　凸轮

析平面图形的尺寸时，必须确定尺寸基准，尺寸基准就是标注尺寸的起点。在平面图形中，有水平和竖直两个方向上的基准。一般采用图形的对称线、圆的中心线、重要的轮廓线等作为基准，图 1-22 所示扳手的中心线为水平方向和竖直方向的基准。

平面图形上的尺寸，按作用分为定形尺寸和定位尺寸两类。

（1）定形尺寸　定形尺寸是指确定平面上几何元素形状和大小的尺寸，如图 1-22 中的 R20、R44、φ44、φ16 等都是定形尺寸。

（2）定位尺寸　确定各几何元素之间位置的尺寸称为定位尺寸，如图 1-22 中的 132、44 等为定位尺寸。对于定位尺寸而言，应以基准为标注或度量的起点。

三、平面图形的线段分析

在平面图形中，有些线段具有完整的定形尺寸和定位尺寸，可根据标注的尺寸直接画出；有些线段的尺寸并未全部标出，要根据已标出的尺寸和该线段与相邻线段的连接关系，通过几何作图才能画出。因此，通常图形中的线段分为三种：

（1）已知线段　定形尺寸和定位尺寸齐全，可以直接画出的线段称为已知线段。图 1-22 中，扳手开口处 φ44 表示的形状就可以根据尺寸直接画出。

（2）中间线段　具有定形尺寸，但定位尺寸不全，需根据与其他几何要素的连接关系才能画出的线段称为中间线段，如图 1-22 中 R20、R44 表示的圆弧。

（3）连接线段　只有定形尺寸，没有定位尺寸的线段称为连接线段，其定位尺寸需要根据该线段与相邻两线的连接关系，通过几何作图方法求出，如图 1-22 中 R30、R20 表示的圆弧。

四、平面图形的作图步骤

根据以上分析，扳手平面图形的作图步骤归纳如下（图 1-24）：

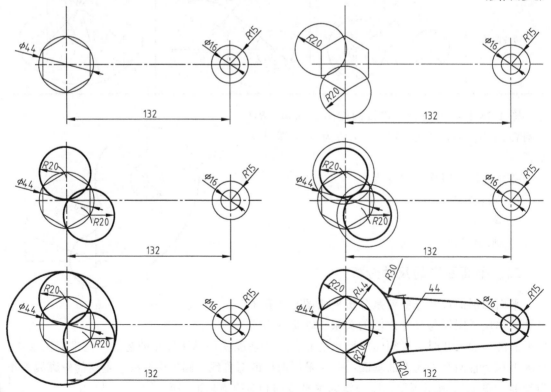

图 1-24　扳手平面图形作图步骤

1）用 H 或 2H 型铅笔，轻轻画出底稿。

2）画基准线、定位线，ϕ44 圆和 ϕ16 圆的中心线。分别画出已知线段、中间线段和连接线段。

3）检查作图过程，擦去多余的作图线，用 2B 铅笔描深图形，并标注尺寸。

五、平面图形的尺寸标注

平面图形尺寸标注应符合国家标准的有关规定，基本要求是正确、齐全、清晰。在标注尺寸时，应分析图形各部分的构成，确定尺寸基准，先标注定形尺寸，再标注定位尺寸。通过几何作图可以确定的线段，不要标注尺寸。尺寸在图上的布局要清晰，标注完成后应进行检查，看是否有重标和漏标，可以按画图过程进行检查。扳手平面图形的尺寸标注方法和步骤如下：

1）选择扳手中心 ϕ44 圆的中心线为水平及竖直方向尺寸基准。

2）标定形尺寸，按已知线段、中间线段、连接线段的顺序逐个标注。

3）标注定位尺寸 132、44。

作 业

完成"学习工作页"单元 1 测试题和技能训练。

单元2 投影基础

学习目标

1) 了解投影法的基本知识。
2) 掌握三视图的形成及对应关系。
3) 能够正确掌握点、直线、平面的投影特性。
4) 能够正确掌握立体投影的知识。
5) 能够正确掌握正等轴测图和斜二轴测图的画法。
6) 能够正确识读和绘制截交线。
7) 能够正确识读和绘制相贯线。

知识结构图

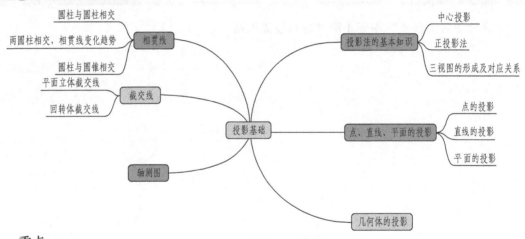

重点：

1. 掌握三视图的形成及对应关系。
2. 掌握基本体三视图形成及求作表面点的三面投影。
3. 基本体的截交线画法。
4. 圆柱与圆柱相交、圆柱与圆锥相交的相贯线的作图方法。

难点：

1. 能够正确识读、绘制截交线；
2. 能够正确识读和绘制相贯线。

2.1 投影法的基本知识

任务描述：在日常生活中可以看到如灯光下的物影、阳光下的人影等，这些都是自然界

的一种投影现象。在工业生产发展的过程中，为了解决工程图样的问题，人们将影子与物体之间的关系经过几何抽象形成了"投影法"。

现在需要加工长方体零件，作为设计人员，如何画图才能使机械加工车间的工人加工出需要的零件？

任务分析：为了能够使机加工车间的工人知道需要加工的零件，一般用视图来表达零件外形，视图通过投影法形成，下面介绍投影法的基本知识。

知识准备：

一、投影法的概念

在日常生活中，人们看到的影子就是一种投影现象。把光线称为投射线，地面或墙壁称为投影面，影子称为物体在投影面上的投影。

从几何观点来分析投影的形成。如图 2-1 所示，设空间有一定点 S 和任一点 A，以及不通过点 S 和点 A 的平面 P，从点 S 经过点 A 作直线 SA，直线 SA 必然与平面 P 相交于一点 a，则称点 a 为空间任一点 A 在平面 P 上的投影，称定点 S 为投射中心，称平面 P 为投影面，称直线 SA 为投射线。据此，要作出空间物体在投影面上的投影，其实质就是通过物体上的点、线、面作出一系列的投射线与投影面的交点，并根据物体上的线、面关系，对交点进行恰当的连线。

如图 2-2 所示，作 $\triangle ABC$ 在投影面 P 上的投影。先自点 S 过点 A、B、C 分别作直线 SA、SB、SC 与投影面 P 的交点 a、b、c，再过点 a、b、c 作直线，连成 $\triangle abc$，$\triangle abc$ 即为 $\triangle ABC$ 在投影面 P 上的投影。

上述这种用投射线通过物体，向选定的面投影，并在该面上得到图形的方法称为投影法。

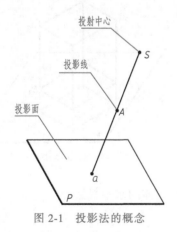

图 2-1　投影法的概念

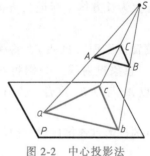

中心投影法

图 2-2　中心投影法

二、投影法的种类及应用

1. 中心投影法

投射线都从投射中心出发的投影法称为中心投影法，所得投影称为中心投影，如图 2-2 所示。中心投影不能真实地反映物体的形状和大小，不适用于绘制机械图样，但它有立体感，工程上常用这种方法绘制建筑物的透视图。

2. 平行投影法

投射线相互平行的投影法称为平行投影法，如图2-3所示。根据投射线与投影面是否垂直，平行投影法又可以分为斜投影法和正投影法。

（1）斜投影法　投射线与投影面相倾斜的平行投影法称为斜投影法，如图 2-3a 所示。

（2）正投影法　投射线与投影面相垂直的平行投影法称为正投影法，如图 2-3b 所示。

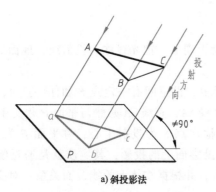

a) 斜投影法 　　　　　　　　　　　b) 正投影法

图 2-3　平行投影法

正投影法能够表达物体的真实形状和大小，作图方法也较简单，所以广泛用于绘制机械图样。本书不作特别说明，"投影"即指"正投影"。

平行投影法具有类似性、积聚性、真实性的基本特性。

任务实施：绘制长方体的水平投影（图2-4），步骤如下：

1）准备纸张、尺子、2B 和 HB 铅笔各一只、橡皮擦。

2）以橡皮擦为长方体，标记长方体上下面的八个顶点。

3）水平放置投影面（纸张），将橡皮擦正悬空放置在纸张上面，想象投射线，分别将八个顶点标记在纸张上，可知点 A_1 与点 B_1 重合、点 A_2 与点 B_2 重合，以此类推。

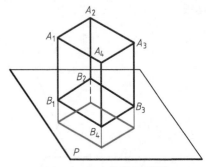

图 2-4　长方体水平投影

4）将顶点的投影点连接成线，线组成平面，即为长方体的水平投影。

2.2　三视图

任务描述：加工图 2-5 所示的零件，如何画投影图才能使机械加工车间的工人加工出需要的零件？

任务分析：上文已画出长方体一个方向的投影，试想一下，只有一个方向的投影能否加工出图 2-5 所示的零件？

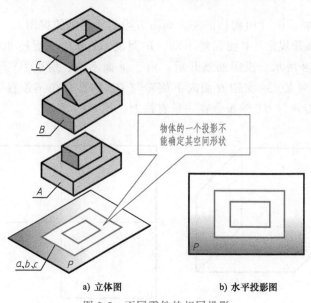

a) 立体图　　　　　　　　b) 水平投影图

图 2-5　不同零件的相同投影

知识准备：

一、三视图的形成

图 2-6 所示为四个不同的物体，它们只取一个投影面上的投影，如果不附加其他说明是不能确定各个物体的整个形状的。要反映物体的完整形状，必须根据物体的繁简，多取几个投影面上的投影相互补充，这样才能把物体的形状表达清楚。

1. 三投影面体系

为了准确地表达物体的形状和大小，选取三个互相垂直的投影面

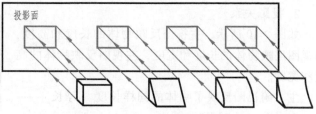

图 2-6　不同物体得到同样的投影

V（正立投影面，简称正面）、H（水平投影面，简称水平面）、W（侧立投影面，简称侧面）构成三投影面体系如图 2-7 所示。其中 OX 轴为 V 面与 H 面的交线，OY 轴为 H 面与 W 面的交线，OZ 轴为 V 面与 W 面的交线，OX 轴、OY 轴、OZ 轴的交点为原点 O。

2. 三视图的形成

工程制图中常把物体在某个投影面上的正投影称为视图，主视图、俯视图、左视图即是三面投影图。

（1）三视图

1）主视图：正面投影（由物体的前方向后方投射所得到的视图）。

2）俯视图：水平投影（由物体的上方向下方投射所得

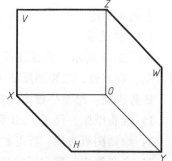

图 2-7　三投影面体系

23

到的视图）。

3）左视图：侧面投影（由物体的左方向右方投射所得到的视图）。

（2）投影面的展开规定　V 面保持不动，H 面绕 OX 轴向下旋转 $90°$，W 面绕 OZ 轴向右旋转 $90°$，如图 2-8 所示。投影面展开后，由于 V 面不动，所以 OX 轴和 OZ 轴的位置不变。而 OY 轴被分为两支，一支随 H 面向下旋转与 OZ 轴重合在一条直线上，用 OY_H 表示，另一支随 W 面向右旋转与 OX 轴重合在一条直线上，用 OY_W 表示。

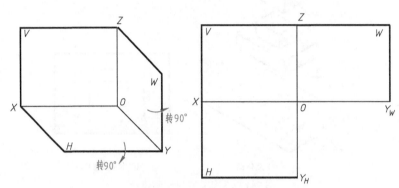

三视图形成

图 2-8　投影面的展开规定

二、三视图之间的对应关系

1. 位置关系

主视图在上方，俯视图在主视图的正下方，左视图在主视图的正右方，如图 2-9 所示。

2. 投影关系

如图 2-10 所示，主视图反映物体的长度和高度，俯视图反映物体的长度和宽度，左视图反映物体的高度和宽度。

主、俯视图反映了物体的同样长度（等长）——主、俯视图"长对正"。

主、左视图反映了物体的同样高度（等高）——主、左视图"高平齐"。

俯、左视图反映了物体的同样宽度（等宽）——俯、左视图"宽相等"。

上述关系即"三等"关系。

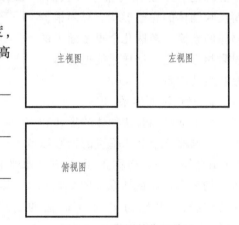

图 2-9　三视图的位置关系

3. 方位关系

如图 2-11 所示，主视图反映了物体的上、下、左、右方位，俯视图反映了物体的前、后、左、右方位，左视图反映了物体的上、下、前、后方位。

任务实施：绘制平板块（图 2-5 零件 C）的投影（图 2-12），步骤如下：

1）准备纸张、尺子、2B 和 HB 铅笔各一只、橡皮擦。

2）绘制图纸边线、标题栏等。

3）在图纸中间建立三面坐标系。

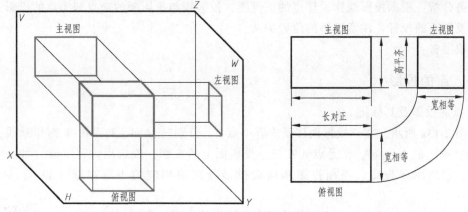

图 2-10　三视图的投影关系

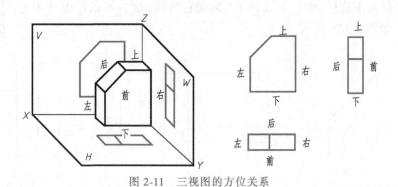

图 2-11　三视图的方位关系

4）按照投影法，绘制主视图、俯视图和左视图的草图，注意三视图投影关系。

5）擦除辅助线，描粗边线。

6）检查。

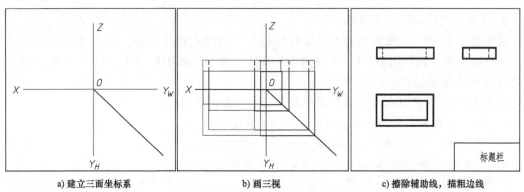

a) 建立三面坐标系　　　b) 画三视　　　c) 擦除辅助线，描粗边线

图 2-12　画平板块三视图的步骤

2.3　点、直线、平面的投影

任务描述：已知点 *A* 的坐标（20，10，18），作点 *A* 的三面投影。

任务分析：根据投影规律，作点的正投影，投射线与投影面的交点即为点的投影。作点在三个投影面的投影，注意投影的位置关系。

知识准备：

一、点的投影

1. 点的投影及其标记

如图 2-13a 所示，在三投影面体系内有一点 A，分别向 H 面、V 面和 W 面作垂线，分别得到三个垂足 a、a'、a''，便是点 A 在三个投影面上的投影。规定用大写字母（如 A）表示空间点，它的水平投影、正面投影和侧面投影分别用相应的小写字母（如 a，a' 和 a''）表示。

移去空间点 A，根据三面投影图的形成规律将其展开，即保持 V 面不动，将 H 面绕 OX 轴向下旋转 90°，W 面绕 OZ 轴向右旋转 90°，可以得到点 A 的三面投影图，如图 2-13b 所示。

点的投影

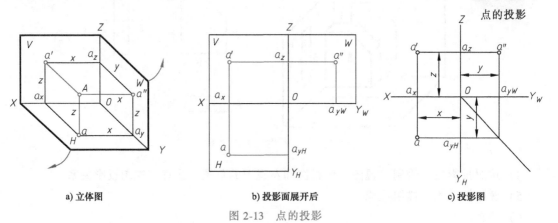

a) 立体图   b) 投影面展开后   c) 投影图

图 2-13　点的投影

2. 点的三面投影与直角坐标

如图 2-13 所示，三投影面体系可以看成是一个空间直角坐标系，因此可用直角坐标确定点的空间位置。投影面 H、V、W 作为坐标面，三条投影轴 OX、OY、OZ 作为坐标轴，三轴的交点 O 作为坐标原点。

由图 2-13 可以看出点 A 的直角坐标与其三个投影的关系：

1）点 A 到 W 面的距离 $= Oa_x = a'a_z = aa_y = x$ 坐标。

2）点 A 到 V 面的距离 $= Oa_y = a''a_z = aa_x = y$ 坐标。

3）点 A 到 H 面的距离 $= Oa_z = a'a_x = a''a_y = z$ 坐标。

用坐标来表示空间点的位置，可以写成 $A(x_A, y_A, z_A)$ 的形式。若用坐标表示空点 A 的三面投影，则为 $a(x, y)$，$a'(x, z)$，$a''(y, z)$。

因此，已知一点的三面投影，就可以量出该点的三个坐标；相反地，已知一点的三个坐标，就可以作出该点的三面投影。

由图 2-13a 可以看出，Aa、Aa'、Aa'' 分别为点 A 到 H、V、W 面的距离。

3. 点的三面投影规律

由图 2-13b 可以看出：$aa_{yH} = a'a_z$，即 $a'a \perp OX$；$a'a_x = a''a_{yW}$，即 $a'a'' \perp OZ$；$aax = a''a_z$。

　　点的三个投影不是孤立的，而是彼此之间有一定的位置关系。而且这个关系不因空间点的位置改变而改变，因此可以把它概括为普遍性的投影规律：

1）点的正面投影和水平投影的连线垂直于 OX 轴，即 $a'a \perp OX$。

2）点的正面投影和侧面投影的连线垂直于 OZ 轴，即 $a'a'' \perp OZ$。

3）点的水平投影 a 到 OX 轴的距离等于侧面投影 a'' 到 OZ 轴的距离，即 $aa_x = a''a_z$（可以用 45°辅助线或以原点为圆心作弧线来反映这一投影关系）。

　　如图 2-14a 所示，已知点 A 的正面投影 a' 和侧面投影 a''，求其水平投影 a 的过程如图 2-14b 所示。

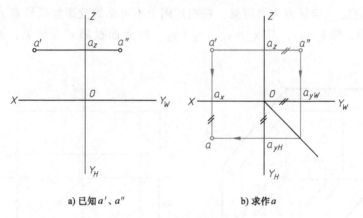

a）已知 a'、a''　　　　　　b）求作 a

图 2-14　点的投影作图

　　一般在作图过程中，应自点 O 作辅助线（与水平方向夹角为 45°），以表明 $aa_x = a''a_z$ 的关系。根据上述投影规律，若已知点的任何两个投影，就可求出它的第三个投影。

4. 两点的相对位置

　　两点的相对位置是指空间两点之间上下、左右、前后的位置关系。对于空间两点 A、B，其相对位置的规律为：

1）距 W 面远者在左（x 坐标大），近者在右（x 坐标小）。

2）距 V 面远者在前（y 坐标大），近者在后（y 坐标小）。

3）距 H 面远者在上（z 坐标大），近者在下（z 坐标小）。

　　如图 2-15 所示，若已知空间两点的投影，即点 A 的三个投影 a、a'、a'' 和点 B 的三个投

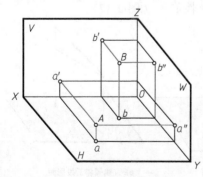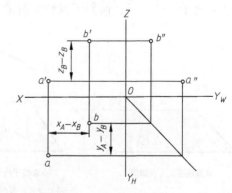

图 2-15　两点的相对位置

影 b、b'、b''，用 A、B 两点同面投影坐标差就可判别 A、B 两点的相对位置。由于 $x_A > x_B$，表示点 B 在点 A 的右方；$z_B > z_A$，表示点 B 在点 A 的上方；$y_A > y_B$，表示点 B 在点 A 的后方。即点 B 在点 A 的右方、后方、上方。

5. 重影点

若空间两点在某一投影面上的投影重合，则这两点是该投影面的重影点。这时，空间两点的某两坐标相同，并在同一投射线上，如图 2-16 所示。

当两点的投影重合时，就需要判别其可见性，应注意：对 H 面的重影点，从上向下观察，z 坐标大者可见；对 W 面的重影点，从左向右观察，x 坐标大者可见；对 V 面的重影点，从前向后观察，y 坐标值大者可见。在投影图上不可见的投影加括号表示，如（a'）。

在图 2-16 中，因 $z_C > z_D$，且 $x_C = x_D$、$y_C = y_D$，故水面投影 c 为可见，d 为不可见，用 $c(d)$ 表示。

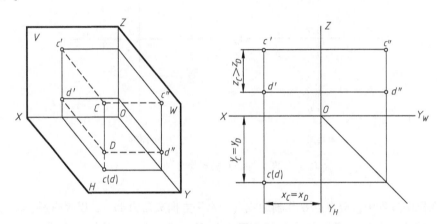

图 2-16　重影点

二、直线的投影

1. 直线的三面投影

根据"两点决定一条直线"的几何定理，在绘制直线的投影图时，只要作出直线上任意两点的投影，再将两点的同面投影连接起来，即可得到直线的三面投影。

2. 直线的投影特性

直线垂直于、平行于、倾斜于投影面时的投影特性如下（图 2-17）：

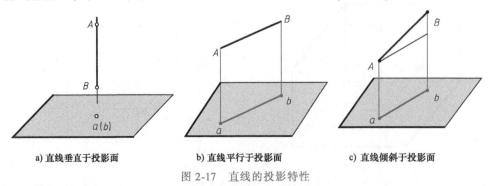

a) 直线垂直于投影面　　　　b) 直线平行于投影面　　　　c) 直线倾斜于投影面

图 2-17　直线的投影特性

1）直线垂直于投影面（图 2-17a），投影积聚为一点。

2）直线平行于投影面（图 2-17b），投影反映实长。

3）直线倾斜于投影面（图 2-17c），投影变短。

3. 直线在三投影面体系中的投影

根据直线与三投影面的关系，可将直线分为一般位置直线、投影面垂直线及投影面平行线三类。

（1）一般位置直线 这类直线与三个投影面均倾斜。

例 2-1 给出两点坐标 $A(15,15,5)$，$B(5,10,20)$，作直线 AB 的三面投影。

分析：根据"两点决定一条直线"，首先将直线上两点 A、B 的三面投影，作出，然后连接成线即可，如图 2-18 所示。从投影图可以看出，直线 AB 的投影与三投影面都倾斜。

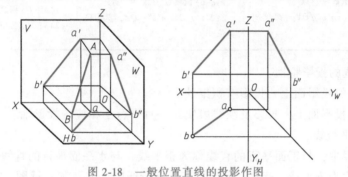

图 2-18 一般位置直线的投影作图

（2）投影面垂直线 投影面垂直线中，与正面垂直的直线称为正垂线，与水平面垂直的直线称为铅垂线，与侧面垂直的直线称为侧垂线。表 2-1 列出了三种投影面垂直线的示例及其三视图、轴测图、投影图和投影特性。

表 2-1 投影面垂直线

名称	正垂线（⊥V 面）	铅锤线（⊥H 面）	侧垂线（⊥W 面）
示例及其三视图	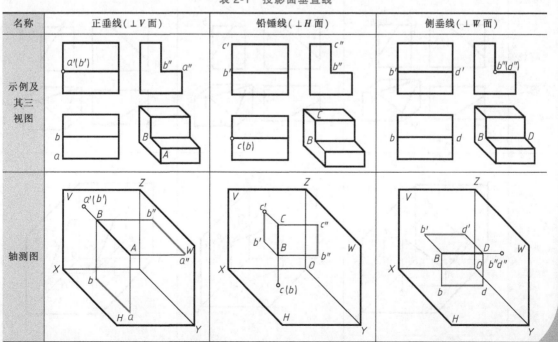		
轴测图			

（续）

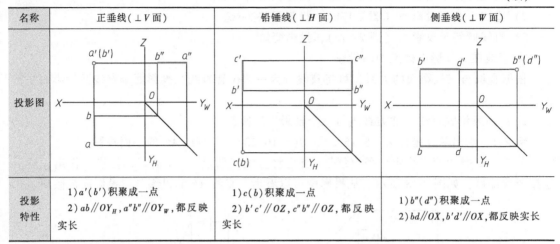

名称	正垂线（⊥V面）	铅锤线（⊥H面）	侧垂线（⊥W面）
投影图			
投影特性	1）$a'(b')$积聚成一点 2）$ab//OY_H$，$a''b''//OY_W$，都反映实长	1）$c(b)$积聚成一点 2）$b'c'//OZ$，$c''b''//OZ$，都反映实长	1）$b''(d'')$积聚成一点 2）$bd//OX$，$b'd'//OX$，都反映实长

投影面垂直线的投影特性：

1）在其垂直的投影面上，投影有积聚性。

2）另外两个投影面上，投影反映线段实长，且平行于相应的投影轴。

（3）投影面平行线

投影面平行线中，与正面平行的直线称为正平线，与水平面平行的直线称为水平线，与侧面平行的直线称为侧平线。表2-2列出了三种平行线的示例及其三视图、轴测图、投影图和投影特性。

表2-2 投影面平行线

名称	正平线（//V面）	水平线（//H面）	侧平线（//W面）
示例及 其三 视图			
轴测图			

（续）

名称	正平线(//V面)	水平线(//H面)	侧平线(//W面)
投影图	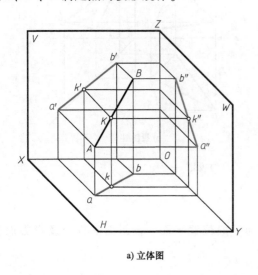		
投影特性	1)a'b'反映实长和倾角 α、γ 2)ab//OX,a"b"//OZ,长度缩短	1)bc反映实长和倾角 β、γ 2)b'c'//OX,b"c"//OY,长度缩短	1)a"c"反映实长和倾角 α、β 2)a'c'//OZ,ac//OY_H,长度缩短

投影面平行线的投影特性：

1）在其平行的投影面上的投影反映实长，并反映直线与另两投影面的倾角。

2）另两个投影面上的投影平行于相应的投影轴。

4. 直线上的点

点在直线上，则点的各个投影必然也在该直线的同面投影上，如图 2-19 所示，点 K 从属于直线 AB，其水平投影 k 从属于 ab，正面投影 k' 从属于 $a'b'$，侧面投影 k'' 从属于 $a''b''$，且 k、k'、k'' 满足点的投影规律。

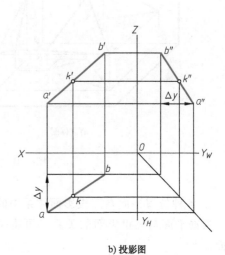

a) 立体图　　　　　　　　　　　　b) 投影图

图 2-19　直线上的点的投影

三、平面的投影

1. 平面的表示法

用几何元素表示平面，如图 2-20 所示。

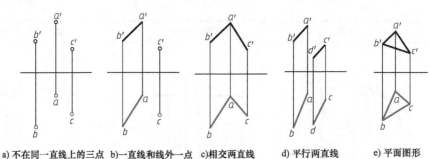

a) 不在同一直线上的三点 b) 一直线和线外一点 c) 相交两直线   d) 平行两直线   e) 平面图形

图 2-20　用几何元素表示平面

2. 平面的投影特性

平面的投影一般仍为平面，特殊情况下为一条直线。平面的投影的作图方法是将图形轮廓线上的一系列点（多边形则是其顶点）向投影面投射，即得平面投影。三角形是最简单的平面形，图 2-21 所示为将 $\triangle ABC$ 的三个顶点向三投影面进行投射得到的立体图和投影图。其各投影即为三角形各顶点的同面投影的连线。其他多边形的投影的求法与此类似。由此可知，平面的投影实质上仍是以点的投影为基础而得的投影。

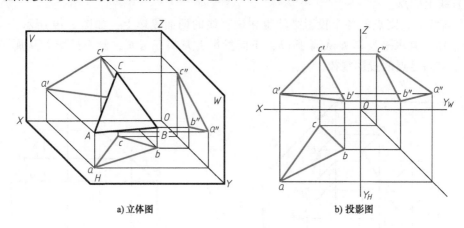

a) 立体图　　　　　　　　　　　　　　　　b) 投影图

图 2-21　一般位置平面的投影

3. 各种位置平面在三投影面体系中的投影

根据平面与三投影面的关系，可将平面分为一般位置平面、投影面平行面及投影面垂直面。

（1）一般位置平面

对三个投影面都倾斜的平面，称为一般位置平面，如图 2-21 所示。由于一般位置平面与三个投影面都倾斜，所以三个投影仍为三角形，且不反映实形，都比实形缩小。

由此得到一般位置平面的投影特性：

1）类似性：在三个投影面上的投影均为类似的平面图形，且形状缩小。

2）判断：平面的三面投影都是类似的几何图形，该平面一定是一般位置平面。

（2）投影面平行面

仅平行于一个投影面的平面称为投影面平行面。投影面平行面有三种：平行于水平面的称为水平面、平行于正面的称为正平面、平行于侧面的称为侧平面。表 2-3 列出了三种投影面的立体图、投影图和投影特性。

表 2-3　投影面平行面

名称	水平面(//H)	正平面(//V)	侧平面(//W)
立体图			
投影图			
投影特性	1)水平投影反映实形 2)正面投影和侧面投影分别为平行于 OX、OY_W 轴的直线段,有积聚性	1)正面投影反映实形 2)水平投影和侧面投影分别为平行于 OX、OZ 轴的直线段,有积聚性	1)侧面投影反映实形 2)正面投影和水平投影分别为平行于 OZ、OY_H 轴的直线段,有积聚性

投影面平行面的投影特性：

1）真实性：若平面用平面形表示，则在其所平行的投影面上的投影，反映平面形的实形。

2）积聚性：在另外两个投影面上的投影为直线段（有积聚性），且平行于相应的投影轴。

3）判断：若在平面形的投影中，同时有两个投影分别积聚成平行于投影轴的直线，而只有一个投影为平面形，则此平面平行于该投影所在的那个投影面。该平面形投影反映该空间平面形的实形。

（3）投影面垂直面

仅垂直于一个投影面，而对另两个投影面倾斜的平面称为投影面垂直面。投影面垂直面有三种：正垂面、铅垂面、侧垂面。表 2-4 列出了三种投影面的立体图、投影图和投影特性。

表 2-4　投影面垂直面

名称	铅垂面(⊥H)	正垂面(⊥V)	侧垂面(⊥W)
立体图			
投影图			
投影特性	1) 水平投影为斜直线,有积聚性,且反映夹角 β、α 2) 正面投影和侧面投影不反映实形,但有类似性	1) 正面投影为斜直线,有积聚性,且反映夹角 α、γ 2) 水平投影和侧面投影不是实形,但有类似性	1) 侧面投影为斜直线,有积聚性,且反映夹角 α、β 2) 水平投影和正面投影不是实形,但有类似性

投影面垂直面的投影特性:

1)积聚性:在其所垂直的投影面上的投影为倾斜直线段,该倾斜直线段与投影轴的夹角,反映该平面对相应投影面的倾角。

2)类似性:在另外两个投影面上的投影仍为平面形,但不是实形,为类似形。

3)判断:若平面形在某一投影面上的投影积聚成一条倾斜于投影轴的直线段,则此平面垂直于积聚投影所在的投影面。

任务实施:

1)作空间点 $A(20,10,18)$ 的投影,作图方法如图 2-22 所示。

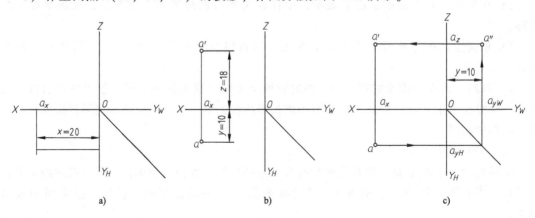

图 2-22　点的投影作图

2）如图 2-23 所示，过点 C 作正平线 CD，使其对 H 面的倾角为 30°，$CD=25\text{mm}$。有几种解？

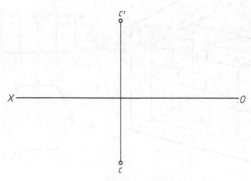

图 2-23　根据给定点作直线

2.4　几何体的投影

任务描述：如何作棱柱、棱锥、圆柱、圆锥的三视图，如何求作它们表面上的点的投影？

任务分析：几何体分平面立体和曲面立体两大类，表面均为平面的立体称为平面立体，表面由曲面或曲面与平面组成的立体称为曲面立体。平面立体包含棱柱体、棱锥体。回转体是曲面立体的一种，回转体是由回转面或回转面与平面围成的立体。工程上常见的回转体有圆柱体、圆锥体、圆球体等。回转体投影具有积聚性等特性，根据三视图投影规律及点的投影特性即可完成作图。

知识准备：由于平面立体的表面是由若干个多边形平面所围成的，因此绘制平面立体的投影可归结为画它的各表面的投影。平面立体各表面的交线称为棱线。平面立体的各表面是由棱线所围成的，而每条棱线可由其两端点确定，因此绘制平面立体的投影可归结为绘制各棱线及各顶点的投影。作图时，应判别其可见性，把可见棱线的投影画成粗实线，不可见棱线的投影画成虚线。

一、棱柱

1. 棱柱的投影

图 2-24 所示为一正放的正六棱柱的轴测图及投影图。

（1）投影分析

1）正六棱柱的顶面、底面均为水平面，其水平投影反映顶面、底面的实形，且互相重合，正面投影和侧面投影均积聚为平行于相应投影轴的直线。

2）正六棱柱的六个棱面中，前后两个棱面为正平面，其正面投影重合，且反映实形，水平投影和侧面投影都积聚成平行于相应投影轴的直线。其余四个棱面都为铅垂面，其水平投影分别积聚成倾斜直线，正面投影和侧面投影均为类似形，且两侧棱面投影对应重合。由于六个棱面的水平投影均有积聚性，故与顶面、底面边线（棱线）的水平投影重合。

3）正六棱柱的顶面和底面各有六条棱线，其中前、后两条棱线为侧垂线，其余四条棱

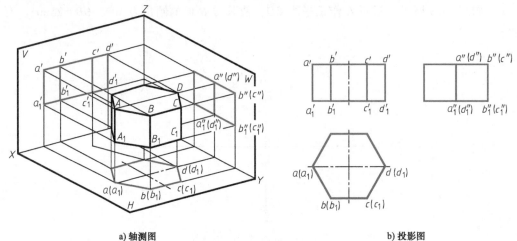

a) 轴测图   b) 投影图

图 2-24　正六棱柱的轴测图及投影图

线为水平线，而六条侧棱线均为铅垂线。

（2）作图步骤　画正放棱柱（如正六棱柱）的投影图时，一般先画出对称中心线和对称线，再画出棱柱水平投影（如正六边形），然后根据投影关系画出它的正面投影和侧面投影。

（3）棱柱表面取点（图 2-25）

1）棱柱表面都处于特殊位置，其表面上的点可利用平面的积聚性求得。

2）求解时，注意水平投影和侧面投影的 y 坐标要相等。

3）点的可见性的判断，面可见则点可见，反之不可见。

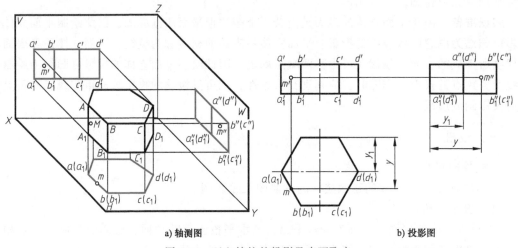

a) 轴测图   b) 投影图

图 2-25　正六棱柱的投影及表面取点

二、棱锥

1. 棱锥的投影

图 2-26 所示为一正放的正三棱锥的轴测图及投影图。

（1）投影分析

1）正三棱锥底面△ABC为水平面，其水平投影△abc反映实形，正面投影和侧面投影均积聚为平行于相应投影轴的直线a'b'c'和a"(c")b"。

2）三个棱面中的左右两个棱面△SAB和△SBC为一般位置平面，其三面投影均不反映实形，且侧面投影重合。

3）后棱面△SAC为侧垂面（因含侧垂线AC），其侧面投影积聚为直线s"a"(c")，正面投影△s'a'c'和水平投影△sac均不反映实形，且正面投影△s'a'c'与△s'a'b'、△s'b'c'重合。

4）三个棱面△SAB、△SBC、△SAC的水平投影△sab、△sbc、△sac与底面△ABC的水平投影△abc重合。

（2）作图步骤 画正放的正三棱锥的投影图时，一般可先画出底面△ABC的水平投影△abc（正三角形）和底面的另两面投影a'b'c'和a"(c")b"（均积聚为直线），再画出锥顶S的三面投影s、s'、s"，然后将锥顶和底面三个顶点的同面投影连接起来，即得正三棱锥的三面投影。也可先画出三棱锥（底面和三个棱面）的一个投影（如水平投影），再依照投影关系画出另两个投影。

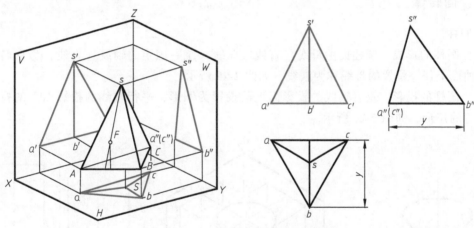

图 2-26 正三棱锥的轴测图及投影图

棱锥的投影特点：一个投影为多边形，另两个投影为三角形线框。

（3）棱锥表面取点 根据两条直线相交可以确定一个平面的规律，棱锥表面上点的投影可在平面上作辅助线进行求解。

在棱锥表面上取点，其原理和方法与在平面上取点相同，如果点在立体的特殊平面上，则可利用该平面投影有积聚性作图；如果点在立体的一般位置平面上，则可利用辅助线作图，并标明可见性。如图2-27所示，在正三棱锥表面上有一点E，已知其正面投影e'，要作出e和e"。由于e可见，所以点E在左棱面△SAB（一般位置平面）上，欲求

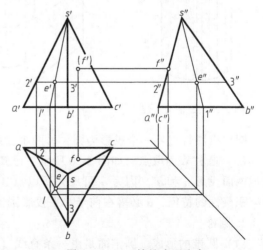

图 2-27 正三棱锥表面取点

点 E 的另两个投影 e、e''，必须利用辅助线作图，具体方法有以下三种：

1）过点 E 和锥顶作辅助线 SI，其正面投影 $s'1'$ 必通过 e'；求出辅助线 SI 的水平投影 $s1$ 和侧面投影 $s''1''$，则点 E 的水平投影 e 必在 $s1$ 上，侧面投影也必在 $s''1''$ 上。

2）也可过点 E 作棱线 AB 的平行线 $II III$，则 $2'3'$ ∥ $a'b'$ 且通过 e'，II、III 两点分别在直线 SA、SB 上，求出直线 $II III$ 的水平投影 23 平行于直线 ab，必通过 e）和侧面投影 $2''3''$（平行于 $a''b''$，必通过 e''）。

3）也可过欲求点在该点所在的棱面上作任意辅助直线，先求出该辅助直线的投影，再求出点的投影（为使图形清晰，图 2-27 中中未示出）。

由于棱面 $\triangle SAB$ 处于左侧，侧面投影可见，故其上的点 E 的侧面投影 e'' 和水平投影 e 也可见。如图 2-27 所示，若已知点 F 的水平投影 f，求 f' 和 f''。由于 f 可见，所以知点 F 是在后棱面 $\triangle SAC$ 上，而不是在底面 $\triangle ABC$ 上。后棱面 $\triangle SAC$ 是侧垂面，其侧面投影具有积聚性，故 f'' 可利用积聚性直接求出，即 f'' 必在直线 $s''a''(c'')$ 上，再由 f 和 f'' 求出（f'）。由于后棱面 $\triangle SAC$ 处于后方，正面投影不可见，故其上的点 F 的正投影（f'）不可见。

三、回转体

1. 圆柱

（1）圆柱的形成　圆柱面由母线（直线或曲线）绕一固定的轴线（直线）做回转运动形成。曲面上任一位置的母线称为素线，如图 2-28 所示。

（2）圆柱的投影　垂直轴线的投影面上的投影为圆形，平行轴线的投影面上的投影为大小相等的矩形，如图 2-29 所示。

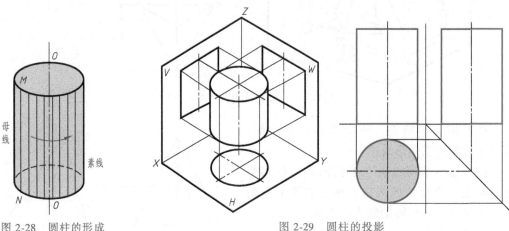

图 2-28　圆柱的形成　　　　　　　　图 2-29　圆柱的投影

圆柱投影特点：一个投影为圆，另两个投影为矩形线框。

（3）圆柱表面取点　如图 2-30 所示，已知圆柱表面上点 A 的正面投影 a'，求作点 A 的其他两面投影 a 和 a''。因为 a' 可见，所以点 A 必在前半圆柱面上，根据该圆柱面水平投影具有积聚性的特征，a 必落在前半水平投影圆上，由 a' 和 a 可求出 a''。

2. 圆锥

（1）圆锥的形成　圆锥面是由一条直线（母线）绕一条与其相交的直线（轴线）回转一周所形成的曲面。底面为垂直轴线的圆。

（2）圆锥的投影　如图 2-31 所示垂直轴线的投影面上的投影是圆形，平行轴线的投影面上的投影是两个完全相同的等腰三角形。在圆锥的投影图中，也必须用点画线画出圆的中心线和圆锥面轴线的投影。

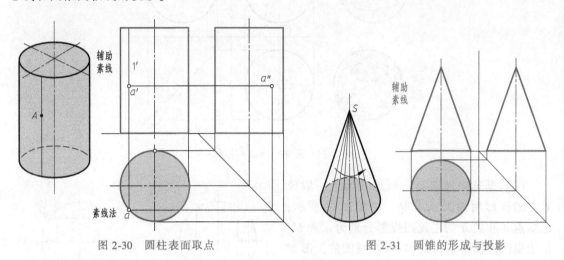

图 2-30　圆柱表面取点　　　　　　　图 2-31　圆锥的形成与投影

圆锥的投影特点：一个投影为圆，另两个投影为三角形。

（3）圆锥表面取点　作辅助素线取点的方法称为辅助线法。同时，圆锥面又是回转面，母线上任一点的运动轨迹是圆（此圆垂直于轴线，称为辅助圆），故也可利用纬圆作辅助线，用纬圆作辅助线取点的方法称为辅助圆法。已知圆锥表面点 A 的主视图投影为 a'，用辅助线法和辅助圆法求作俯视图和左视图的投影，分别如图 2-32a 和图 2-32b 所示。

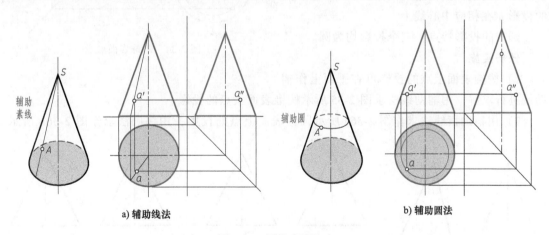

a) 辅助线法　　　　　　　　　　　　b) 辅助圆法

图 2-32　圆锥表面取点

3. 圆球

（1）圆球的形成　圆球面是由半圆（曲线）绕其直径（轴线）回转一周形成的曲面。

（2）圆球的投影　如图 2-33 所示，圆球的三个投影均为圆，是三个不同方向最大圆的投影。它们在所平行的投影面上反映圆的实形，其余两个投影与圆的中心线重合。在圆球的投影图上必须用点画线画出圆的中心线。

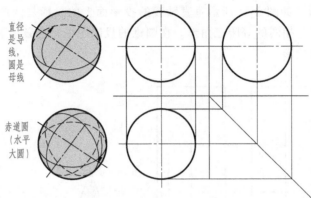

图 2-33　圆球的形成与投影

（3）圆球表面取点　圆球表面上一般位置点的投影用纬圆法求取，如图 2-34 所示，已知点 A 和点 B 的主视图投影分别为 a' 和 b'，作俯视图的投影 a 和 b，以及左视图的投影 a" 和 b"。根据图 2-34 中 a' 可知，点 A 在球面上半球前方。过点 A 作纬圆，纬圆在主视图、左视图的投影为一条直线，在俯视图的投影为辅助圆，点 A 俯视图的投影 a 在圆周前方。点 B 为特殊点，其在主视图的投影 b' 恰好在主视图圆周上，其在俯视图的投影 b、左视图的投影 b" 在相应中心线上。

圆球的投影特点：三个投影均为圆。

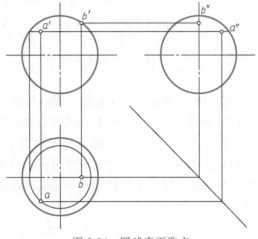

图 2-34　圆球表面取点

任务实施：

1）棱锥表面上点的投影可在平面上作辅助线进行求解，用辅助线法求图 2-35 所示棱锥表面上点的投影。

2）用辅助素线法求作图 2-36a 所示圆锥表面上点的投影，用纬圆法求作图 2-36b 所示

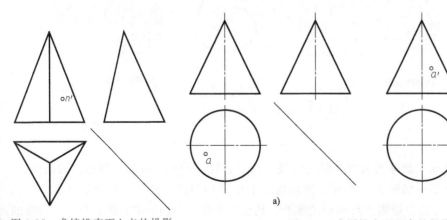

图 2-35　求棱锥表面上点的投影

a)　　　　　　　　　　　　　　　　　b)

图 2-36　求圆锥表面上点的投影

圆锥表面上点的投影。

2.5　截交线

任务描述：在机器零件上经常见到一些立体与平面相交，或立体被平面截去一部分的情况。这时，这个平面称为截平面，立体表面所产生的交线称为截交线，截交线围成的平面图形称为截断面。补画图 2-37 所示圆柱开槽后的水平投影中所缺的线和侧面投影。

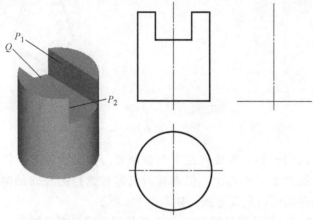

图 2-37　补画圆柱开槽后的水平投影中所缺的线和侧面投影

任务分析：由图 2-37 可知，圆柱槽口的截交线由两个平行于圆柱轴线的侧平面 P_1、P_2 和一个垂直于圆柱轴线的水平面 Q 相交而成。

知识准备：图 2-38 所示为带有截交线立体的示例，从图中可以看出，截交线既属于截平面，又属于立体表面，因此截交线上的每个点都是截平面和立体表面的共有点。求截交线的投影，就是求截交线上一系列共有点的投影，并按一定顺序连接成线，所以截交线一般是封闭的平面图形。

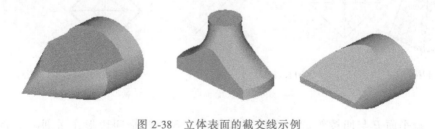

图 2-38　立体表面的截交线示例

一、平面截切棱柱体

例 2-2　求作图 2-39a 所示五棱柱被正垂面 P 截切后的三面投影。

分析：截平面与五棱柱的五个棱面均相交，与顶面不相交，故截交线为五边形 Ⅰ Ⅱ Ⅲ Ⅳ Ⅴ，点 Ⅰ、Ⅱ、Ⅲ、Ⅳ、Ⅴ分别是截平面 P 与五棱柱的五条棱线的交点。由于截平面为正垂面，其 V 面投影具有积聚性，截交线的正面投影与截断面的正面投影重合，只需求出水平投影与侧面投影，它们是与截面类似的五边形。作图过程如图 2-39b 所示。

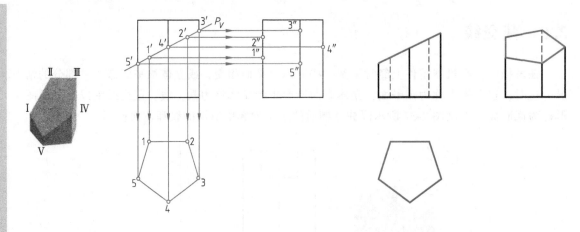

a) 被截切五棱柱   b) 作图过程   c) 投影图

图 2-39 五棱柱被正垂面截切后的投影

依次连接各点的同面投影。五棱柱左上角被截去，截交线的水平投影和侧面投影均可见。被截去部分的棱线投影不再画出，但未被截去的被遮挡的棱线的侧面投影应画为细虚线。检查、整理、描深图线，完成全图，如图 2-39c 所示。

例 2-3 求作图 2-40a 所示四棱锥被正垂面 P 截切后的三面投影。

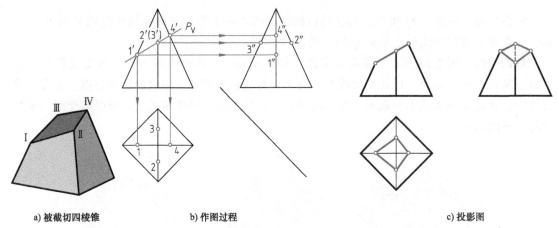

a) 被截切四棱锥   b) 作图过程   c) 投影图

图 2-40 四棱锥被正垂面截切后的投影

分析：截平面 P 与四棱锥的四个棱面都相交，截交线是四边形 ⅠⅡⅢⅣ，点 Ⅰ、Ⅱ、Ⅲ、Ⅳ 分别是截平面 P 与四棱锥的四条棱线的交点。截平面 P 是一个正垂面，其 V 面投影具有积聚性，截交线的 V 面投影与截断面的 V 面投影重合，只需求出水平投影与侧面投影，它们是与截断面类似的四边形。作图过程如图 2-40b 所示。

依次连接各点的同面投影，得截交线的投影，擦去被切去的部分，完成三面投影，如图 2-40c 所示。

要提高看图能力，就必须多看图，并注意在看图的实践中学会投影分析和线框分析，掌握看图方法，积累读图经验。为此，特提供一些切割体的三面投影供读者自行识读，如图

2-41~图 2-43 所示。

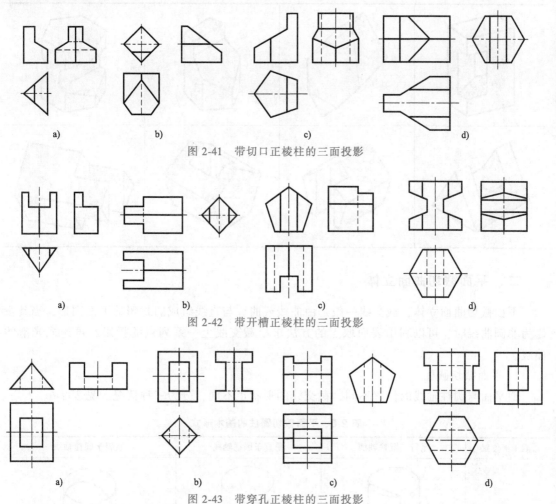

图 2-41   带切口正棱柱的三面投影

图 2-42   带开槽正棱柱的三面投影

图 2-43   带穿孔正棱柱的三面投影

看图步骤：

1）根据轮廓为正多边形的视图，确定被切立体的原始形状。图 2-41a 的俯视图为三角形，可知被切立体的原始形状为三棱柱。图 2-41b 的主视图为正方形，可知被切立体的原始形状为四棱柱。

2）从反映切口、开槽、穿孔的特征部位入手，分析截交线的形状及其三面投影。

3）将想象出的切割体形状，从表 2-5 中辨认出来加以对照。

表 2-5   平面切割体的轴测图示例

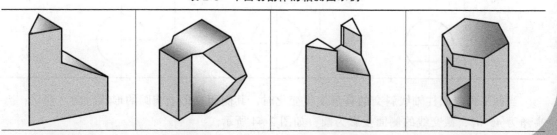

（续）

二、平面截切曲面立体

平面截切曲面立体，截交线一般是由曲线或曲线与直线组成的封闭的平面图形，当其投影为非圆曲线时，可以利用表面取点的方法求出截交线上一系列点的投影，再连成光滑的曲线。

1. 平面截切圆柱

截平面与圆柱轴线的位置不同，截交线的形状也不同，分为三种情况，见表2-6。

表2-6　平面截切圆柱的基本形式

截平面位置	平行于圆柱轴线	垂直于圆柱轴线	倾斜于圆柱轴线
立体图			
截交线形状	矩形	圆	椭圆
投影图			

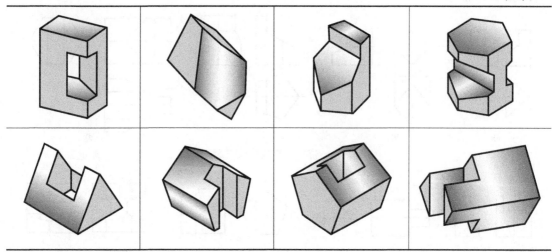

当截平面与圆柱轴线斜交的夹角发生变化时，其侧面投影上椭圆的形状也随之变化；当夹角为45°时，截交线的侧面投影为圆，如图2-44所示。

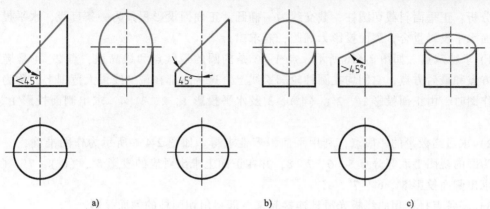

图 2-44 截平面倾斜角度对截交线投影形状的影响

例 2-4 求作图 2-45a 所示正垂面截切的圆柱的投影。

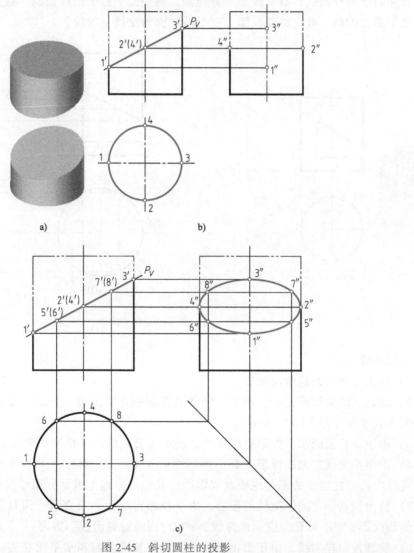

图 2-45 斜切圆柱的投影

分析：正垂面斜截切圆柱，截交线为一椭圆。正面面投影积聚为一条直线，水平投影与圆柱面水平投影重合，侧面投影为椭圆，需求出。

1）求特殊点。如图 2-45b 所示，点 1、3 是椭圆的最低点和最高点，点 2、4 是椭圆的最前方点和最后方点，它们均在圆柱轮廓素线上。这些点都在截交线最大范围上，称为特殊点。作图时，由正面投影 1′、2′、(4′)、3′及水平投影 1、2、3、4，求出侧面投影 1″、2″、3″、4″。

2）求适当数量的一般点，利用平面积聚性求得。如图 2-45c 所示为作图准确，一般在投影为圆的视图上取等分点 5、6、7、8，并在正面上求出对应的投影 5′、(6′)、7′、(8′)，最后求出侧面投影 5″、6″、7″、8″。

3）将各点投影用曲线板光滑地连接起来，即得斜切圆柱的侧面投影。

例 2-5 求图 2-46 所示带切口圆柱的投影。

分析：图 2-46a 所示的圆柱切口是由三个截断面组成的，截交线也由三部分组成。其中正垂面倾斜于圆柱轴线，截交线是部分椭圆；侧平面平行于圆柱轴线，截交线是矩形；水平面垂直于圆柱轴线，截交线是圆弧。三个截平面的交线是直线。

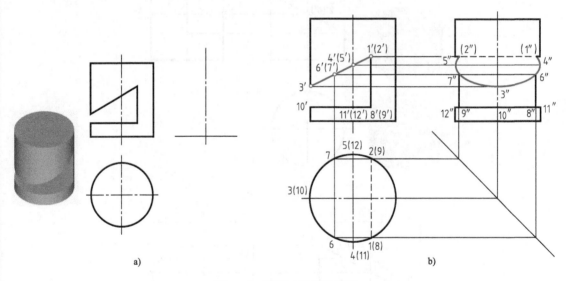

图 2-46 带切口圆柱的投影

作图步骤：

1）画出完整的圆柱侧面投影。

2）求截交线的正面投影。由于三个截平面都垂直于正面，所以三部分截交线的正面投影分别为直线段 1′3′、1′8′、8′10′。

3）由于圆柱面的水平投影有积聚性，所以截交线的水平投影积聚在圆上。

4）求出截交线的侧面投影。其中椭圆中的 1″4″、2″5″两部分为不可见，应该用虚线画出，直线中被圆柱挡住的部分也要画成虚线，其他部分均为可见，用粗实线画出。

5）画出截断面之间的交线的投影。水平投影重合为一条直线，而且不可见，应画成虚线。侧面投影 1″2″不可见，应画成虚线，8″9″与圆弧的侧面投影重合。

6）整理投影轮廓线。由正面投影可知，圆柱被正垂面和水平面切去一部分，所以侧面

投影中应没有这部分投影轮廓线。

2. 平面截切圆锥

当截平面与圆锥轴线的相对位置不同时，圆锥表面上便产生不同的截交线，其基本形式有五种（表 2-7）。

表 2-7　平面截切圆锥的基本形式

截平面位置	过锥顶	与轴线垂直 $\theta=90°$	与轴线平行或倾斜 $0°\leq\theta<\alpha$	与一条素线平行 $\theta=\alpha$	与轴线倾斜 $\alpha<\theta<90°$
立体图					
截交线形状	三角形	圆	双曲线和直线段	抛物线和直线段	椭圆
投影图					

例 2-6　求图 2-47 所示用正垂面截切圆锥的投影。

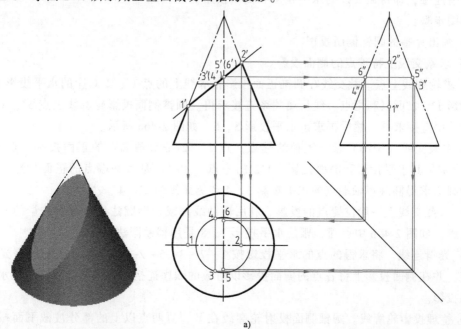

a)

图 2-47　正垂面截切圆锥

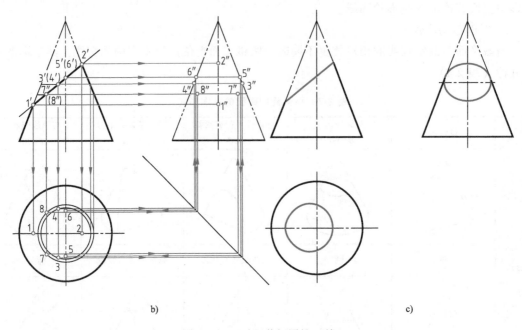

b)   c)

图 2-47 正垂面截切圆锥（续）

分析：由于正垂面倾斜于圆锥轴线，且 $\theta>\alpha$，所以截交线在空间是椭圆，其长轴为 Ⅰ Ⅱ，短轴为Ⅲ Ⅳ。因截交线属于截平面，而截平面的正面投影有积聚性，所以截交线的正面投影为斜线段，它反映椭圆长轴的实长。截交线也属于圆锥面，可以利用圆锥表面取点的方法（一般点及特殊点），求出椭圆上一系列点的水平投影和侧面投影，再将点的同面投影顺序光滑连接，即得截交线的水平投影和侧面投影。

作图步骤：

1）画出完整的圆锥侧面投影。

2）求截交线上特殊点的侧面投影。

①求轮廓线上点。截交线在圆锥正面投影轮廓线上的点 1′、2′对应的水平投影 1、2 及侧面投影 1″、2″可以利用点、线从属关系直接求得。圆锥侧面投影轮廓线上点 5″、6″可以根据点 5′、6′直接求得，然后再求出水平投影 5、6，如图 2-46a 所示。

②求截交线（椭圆）长、短轴的端点。点 1′、2′是长轴端点的正面投影，点 1、2 和 1″、2″分别是其水平投影和侧面投影。1′2′的中点（3′4′）是短轴端点的正面投影。本例中用辅助圆法求得椭圆短轴端点的水平投影 3、4 和侧面投影 3″、4″。

3）求截交线上一般位置点的投影。利用辅助线法或辅助圆法，求适当数量的一般位置点的投影，如图 2-46b 中点Ⅶ、Ⅷ的水平投影 7、8 是用辅助圆法求得的。

4）光滑连线。将求得的点的水平投影按 1—7—3—5—2—6—4—8—1 的顺序光滑圆锥的连接，并在侧面投影上将各点的侧面投影以对应的顺序连接，即得所求截交线的水平投影和侧面投影。

5）整理投影轮廓线。圆锥侧面投射轮廓线在 Ⅴ、Ⅵ 两点以上的部分被截平面截去，所以圆锥侧面投影轮廓线上点 5″、6″以上部分不应画出。

3. 平面截切圆球

平面与圆球的截交线是圆，圆的直径大小与截平面到球心的距离有关。截交线圆的投影与截平面对投影面的相对位置有关。

图 2-48 所示为一水平面截切球，其截交线圆的正面投影和侧面投影分别积聚为直线段，而水平投影反映圆的实形

当截平面为某一投影面的垂直面时，截交线圆在该投影面上的投影为直线段，其他两个投影为椭圆，如图 2-49 所示。

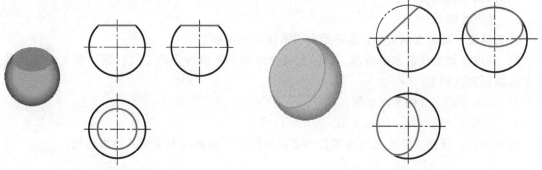

图 2-48 水平面截切圆球　　　　　　　　　图 2-49 正垂面截切圆球

三、组合回转体的截交线

组合回转体的回转面由几个基本回转面组成。求组合回转体被截切后的截交线的投影时，必须首先分析组合回转面由哪些基本回转面组成，根据截平面截切各基本回转面的部位确定截交线的形状，然后将各段截交线的投影分别求出，并连接起来就是所求组合回转面的截交线投影。

例 2-7 求图 2-50 所示吊环的投影图。

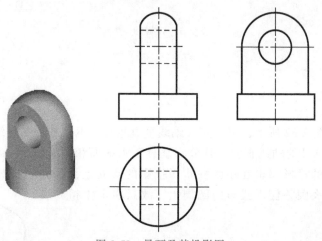

图 2-50 吊环及其投影图

分析：吊环主体是由直径相等的半球和圆柱光滑相切组成的，然后在其左右两侧各用侧平面和水平面截去一部分。侧平面截半球所得的截交线为半圆，截圆柱所得的截交线为平行

两直线，半圆和平行两直线相切。水平面截圆柱所得的截交线为圆弧。吊耳中间为圆柱孔。两截平面的交线为正垂线。

作图步骤：

1）求侧平面截球的截交线。

2）求侧平面截圆柱的截交线。

3）检查水平面截圆柱的截交线。

4）求截断面的交线。

5）求圆柱孔的投影。

6）整理轮廓线。

任务实施：画图 2-51a 所示截平面截切圆柱后的投影。

1）画出各截交线的水平投影，顶面上截交线的水平投影为两直线；圆柱面上截交线的水平投影积聚在圆上。

2）求出各截交线的侧面投影。

3）整理投影轮廓线，如图 2-51b 所示。

圆柱切口、开槽、穿孔是机械零件中常见的结构，应熟练地掌握其投影的画法。

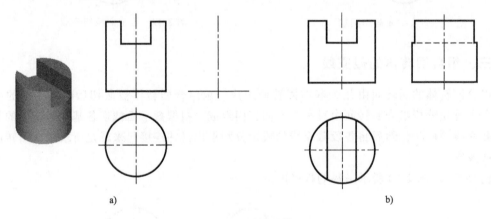

a)   b)

图 2-51　圆柱开槽

2.6　相贯线

任务描述：如图 2-52 所示，求正交（轴线垂直相交）两圆柱的相贯线。

任务分析：两圆柱的轴线正交，且分别垂直于水平面和侧面。相贯线在水平面上的投影积聚在小圆柱水平投影的圆周上，在侧面上的投影积聚在大圆柱侧面投影的圆周上，故只需求作相贯线的正面投影。

知识准备：

一、相贯线的概念

两个基本体相交（或称相贯），表面产生的交线称为相贯线。

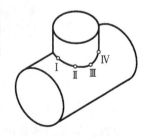

图 2-52　正交两圆柱

其性质如下：

1）相贯线是两个立体表面的共有线，也是两个立体表面的分界线。相贯线上的点是两个立体表面的共有点。

2）两个曲面立体的相贯线一般为封闭的空间曲线，特殊情况下可能是平面曲线或直线。

求两个立体相贯线的实质就是求它们表面的共有点。作图时，依次求出特殊点和一般点，判别其可见性，然后将各点光滑连接起来，即得相贯线。

二、相贯线的画法

两个相交的立体，如果其中一个是柱面立体（常见的是圆柱面立体），且其轴线垂直于某投影面，则相贯线在该投影面上的投影一定积聚在柱面投影上，相贯线的其余投影可用表面取点法求出。

1. 相贯线的近似画法

相贯线的作图步骤较多，若对相贯线的准确性无特殊要求，当两圆柱垂直正交且直径不等时，可采用圆弧代替相贯线的近似画法。如图 2-53 所示，垂直正交两圆柱的相贯线可用以大圆柱半径为半径所作的圆弧来代替。具体画法：以两圆柱两公共点之一的点 A 为圆心，以大圆柱半径 R 作圆，交小圆柱中心线点 B，再以点 B 为圆心，以大圆柱半径 R 作圆，两圆柱体公共处的圆弧即为所求的相贯线。

2. 轴线互相垂直的两圆柱的相贯线

当圆柱轴线垂直于投影面时，其圆柱表面在该投影面上的投影有积聚性，所以两圆柱轴线互相垂直的相贯线可利用积聚性投影取点作图法求解。

轴线正交两圆柱的相贯线。图 2-54 所示的两圆柱轴线垂直相交，且分别垂直于水平面和侧面，因此水平投影中相贯线的投影积聚在小圆柱的投影（圆）上；侧面投影中相贯线的投影积聚在小圆柱两条转向轮廓之间的大圆柱面投影（圆）上。这样由相贯线的两个已知投影，可作出它的正面投影。利用积聚性投影取点作图法求相贯线的作图步骤如图 2-55 所示：

相贯线的
近似画法

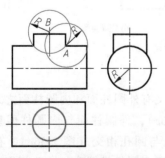

图 2-53　相贯线的近似画法

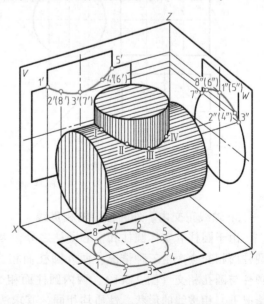

图 2-54　轴线垂直相交两圆柱投影

1）求特殊点。由图 2-54 可知，相贯线上 Ⅰ、Ⅴ 两点分别位于两圆柱对 V 面的转向轮廓线上，是相贯线上的最高点，也分别是相贯线上的最左点和最右点。Ⅲ、Ⅶ 两点分别位于小圆柱对 W 面的转向轮廓线上，它们是相贯线上的最低点，也分别是相贯线上的最前点和最后点。在投影图上可直接求得 1'、3'、5'、(7')。

2）求一般点。先在水平投影中的小圆柱投影圆上，适当地确定出若干个一般点的投影，如图 2-55c 中的 2、4、6、8 等点，再按点的三面投影规律，作侧面投影 2″(4″)、8″(6″) 和正面投影 2'(8')、4'(6')。

3）判断可见性及圆滑连接。由于该相贯线前后部分对称，且形状相同，所以在正面投影中可见与不可见部分重合，按 1'—2'—3'—4'—5' 顺序用粗实线圆滑地连接起来。

4）按图线要求描深各图线，完成投影图（图 2-55d）。

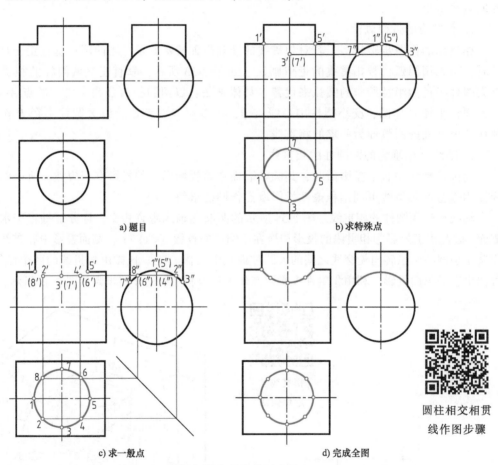

a) 题目　　　　　　　　　　b) 求特殊点

c) 求一般点　　　　　　　　d) 完成全图

圆柱相交相贯
线作图步骤

图 2-55　圆柱相交相贯线作图步骤

3. 轴线正交内、外圆柱面的相贯线

由于圆柱有实体圆柱和空心圆柱之分，因此圆柱面又有外圆柱面和内圆柱面之别。故两圆柱面相交会产生三种情况：两外圆柱面相交（图 2-56a），外圆柱面与内圆柱面相交，即圆柱与圆孔相交（图 2-56b），两内圆柱面相交，即圆孔与圆孔相交（图 2-56c）。在这三种情况下，相贯线的形状、性质均相同，其求法也无异，所不同的是圆孔与圆孔相交时，用虚

线画出圆孔的相贯线的投影。

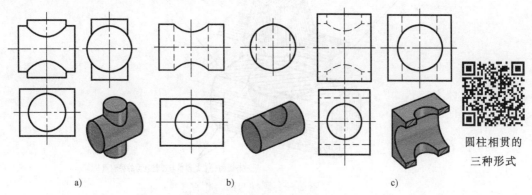

a)   b)   c)

圆柱相贯的
三种形式

图 2-56　圆柱相贯的三种形式

4. 轴线正交两圆柱相贯线的变化趋势

如图 2-57 所示，当两圆柱轴线正交且平行于同一投影面时，两圆柱的直径大小相对变化引起它们表面的相贯线的形状和位置发生变化。变化的趋势是：相贯线总是从小圆柱向大圆柱的轴线方向弯曲（图 2-57a、b），当两圆柱等径时，相贯线由两条空间曲线变为两条平面曲线——椭圆，此时它们的正面投影为相交两直线（图 2-57c）。

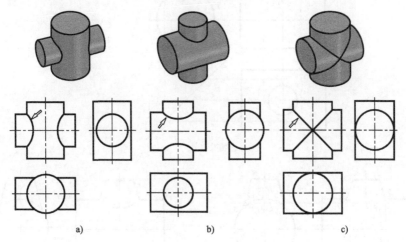

a)   b)   c)

图 2-57　圆柱相贯线变化趋势

三、圆柱、圆锥和球相交的相贯线

圆柱、圆锥和球相交时表面产生的相贯线，主要采用辅助平面法作图求解。

画圆柱与圆锥（轴线正交）的相贯线时，所设辅助平面应平行于圆柱轴线而垂直于圆锥轴线，如图 2-58 所示。这样，辅助平面与圆柱的交线是一个矩形，与圆锥的交线是一个圆，矩形与圆的交点即相贯线上的点。

作图步骤：

1）相贯线的正面投影和水平投影要求出，侧面投影积聚在圆柱的圆周上。

2）求特殊点 Ⅰ Ⅲ Ⅴ Ⅶ，侧面投影为点 1″、3″、（5″）、7″，然后求出正面投影 1′、3′、

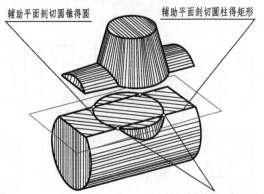

辅助平面剖切圆锥得圆　　　辅助平面剖切圆柱得矩形

矩形与圆的交点是圆锥与圆柱表面的公有点

图 2-58　圆柱与圆锥相贯

5′、(7′)，再由正面投影和侧面投影求出水平投影 1、3、5、7，如图 2-59a 所示。

　　3）求一般位置点 Ⅱ、Ⅳ、Ⅵ、Ⅷ。先在适当位置定出点的侧面投影，再用辅助平面法求出正面投影和水平投影，如图 2-59b 所示。

　　4）用线连接所示各点，检查并加粗线条，完成相贯线，如图 2-59c 所示。

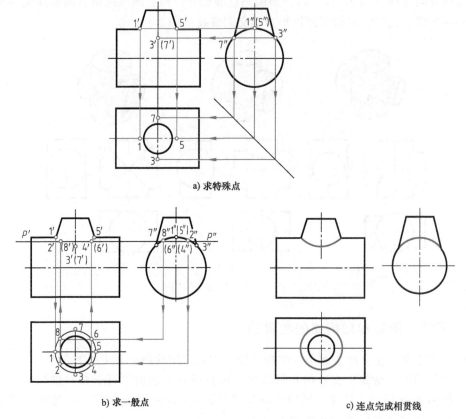

a) 求特殊点

b) 求一般点　　　　　　　　　　c) 连点完成相贯线

图 2-59　圆柱与圆锥轴线正交相贯线

　　图 2-60 所示为圆柱与圆锥相贯求作相贯线的另一例子，图 2-60a 所示为轴测图，图 2-60b 所示为已知条件，图 2-60 所示为求作相贯线的过程，可用几种方法自行完成。

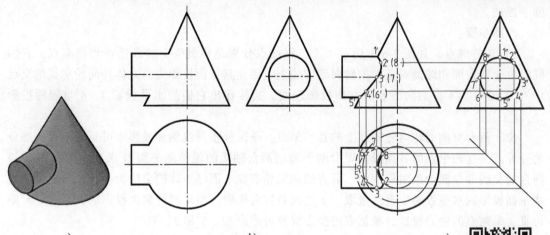

a)　　　　　　　　　　b)　　　　　　　　　c)

图 2-60　圆柱与圆锥相贯

圆柱与圆锥相贯

例 2-8　求作圆锥台与半球相交的相贯线（图 2-61a）。

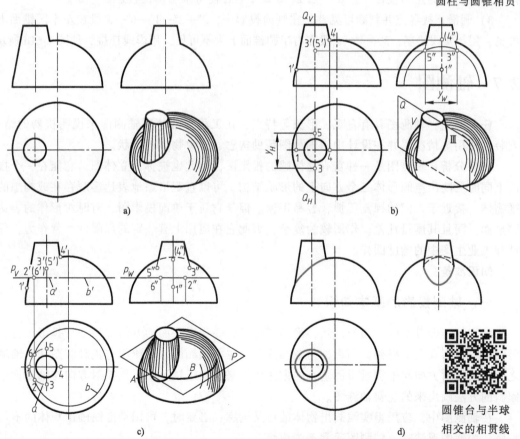

c)　　　　　　　　　　　　　　　d)

圆锥台与半球
相交的相贯线

图 2-61　圆锥台与半球相交的相贯线

　　分析圆台轴线垂直于正面，且位于半球左边的前后对称平面上，其相贯线为前后对称的封闭空间曲线。由于圆台面和球面的各面投影都没有积聚性，所以求作它们的相贯线需用辅

助平面法。

作图步骤：

1）求特殊点。如图 2-61b 所示，Ⅰ、Ⅳ 两点分别是相贯线上的最低点和最高点，它们同时位于圆台面和球面对正面的转向轮廓线上，因此其正面投影为两立体转向轮廓线的交点 1′、4′。由 1′、4′分别向下和向右作投影连线，直接作出它们的水平投影 1、4 与侧面投影 1″、4″。

位于圆台对侧面转向轮廓线上的 Ⅲ、Ⅴ 点，是区分相贯线侧面投影中可见与不可见部分的分界点。这两个点的各面投影要借助于通过圆台轴线的辅助侧平面 Q 求出。侧平面 Q 与圆台的交线即是圆台面对侧面前、后方的两条轮廓线，而与半球的交线为半圆，它的半径可从正面投影或水平投影中直接量取。上述两条转向轮廓线与半圆的侧面投影的交点 3″、5″即为 Ⅲ、Ⅴ 两点的侧面投影，根据点的投影规律可求出 3′、5′和 3、5。

2）求一般点。在正面投影 1′和 3′之间作辅助水平面 P 分别与圆台和半球相交，如图 2-61c 所示，在正面投影中分别画出该平面与圆台和半球的交线圆 a 和 b，它们的交点 2、6 即为相贯线与水平面 P 的交点 Ⅱ、Ⅵ 的水平投影，由 2、6 向上作投影连线与 P_V 相交，即得 Ⅱ、Ⅵ 两点的正面投影 2′、6′。由 2、6 及 2′、6′便可求出侧面投影 2″、6″。

3）圆滑连接各点并判断可见性。在侧面投影中，3″—2″—1″—6″—5″段在左半圆锥面上为可见，用粗实线绘制；3″—4″—5″段在右半圆锥面上为不可见，用虚线连接，如图 2-61d 所示。

2.7 轴测图

任务描述：轴测图具有直观、形象等特点，在工程上常使用轴测图来说明机器的结构、安装、使用等情况，并在设计中用轴测图帮助构思、想象物体的形状。

任务分析：轴测图是一种富有立体感的投影图，因此也被称为立体图。它能在一个投影面上同时反映出空间形体三个方向上的形状结构，可以直观形象地表达客观存在或构想的三维物体，接近于人们的视觉习惯，容易识读。但是它属于单面投影图，有时对形体的表达不够全面，而且其度量性差，作图较为复杂，因此它在应用上有一定的局限性，常作为工程设计和工业生产中的辅助图样。

知识准备：

一、轴测投影的基本知识

将物体连同其空间直角坐标系，沿不平行于任一坐标平面的方向，用平行投影法将其投射在单一投影面上所得到的图形称为轴测投影，也称轴测图。轴测图有正轴测图和斜轴测图之分。按投射方向与轴测投影面垂直的方法画出来的是正轴测图，按投射方向与轴测投影面倾斜的方法画出来的是斜轴测图。

在轴测图中，应用粗实线画出物体的可见轮廓；必要时，可用细虚线画出物体的不可见轮廓。为使图形清晰，轴测图通常不画虚线。

二、正等轴测图

正等轴测图是正轴测图的一种，其三个轴的轴向伸缩系数相等，即 $p = q = r \approx 0.82$。轴

间角∠XOY = ∠XOZ = ∠OYZ = 120°，如图 2-62 所示。为了避免计算复杂，常把系数简化，一般用 1 代替 0.82，得到的轴测图形无异，只是在各个轴向方向上放大了 1/0.82≈1.22 倍。

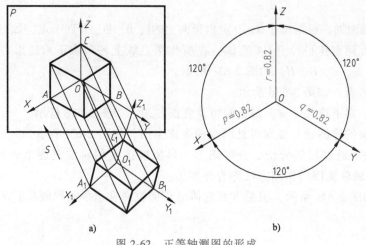

图 2-62　正等轴测图的形成

1. 平面立体的正等轴测图的基本画法

画轴测图的基本方法是坐标法。但实际作图时，还应根据形体形状特点的不同而灵活采用叠加和切割等其他作图方法，下面举例说明不同形状结构的平面立体轴测图的几种具体作图方法。

（1）坐标法　坐标法是根据形体表面上各顶点的空间坐标，画出它们的轴测投影，然后依次连接成形体表面的轮廓线而得该形体的轴测图的方法。

例 2-9　根据正六棱柱的正面投影和水平投影（图 2-63a），作其正等轴测图。

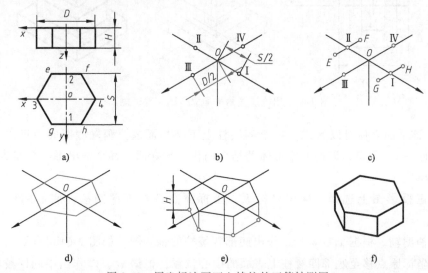

图 2-63　用坐标法画正六棱柱的正等轴测图

分析：首先要看懂已知两面投影，想象出正六棱柱的形状。由图 2-63a 可以看出，正六棱柱的前后、左右都对称，因此，选择顶面（也可选择底面）的中点作为坐标原点，并且从顶面开始作图。

作图步骤：

1）在正投影图上确定坐标系，选择顶面（也可选择底面）的中点作为坐标原点，如图 2-63a 所示。

2）画正等轴测轴，根据尺寸 S、D 定出顶面上的 I、II、III、IV 四个点，如图 2-63b 所示。

3）过 I、II 两点作平行于 OX 直线，在所作两直线上各截取正六边形边长的一半，得顶面的四个顶点 E、F、G、H，如图 2-63c 所示。

4）连接各顶点，如图 2-63d 所示。

5）过各顶点向下取尺寸 H，画出侧棱及底面各边，如图 2-63e 所示。

6）擦去多余的作图线，加深可见图线即完成全图，如图 2-63f 所示。

（2）叠加法　通过形体分析，分解图形，再依次按其相对位置逐个地画出各个部分，最后完成组合体的轴测图的作图方法称为叠加法。

例 2-10　如图 2-64a 所示，根据平面立体的正面投影和水平投影画出它的正等轴测图。

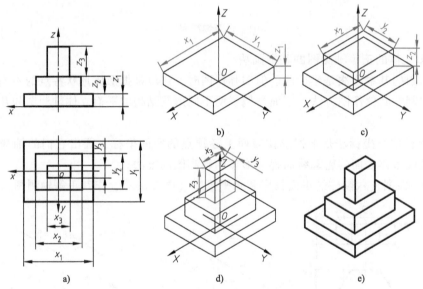

图 2-64　用叠加法画平面立体的正等轴测图

分析：该平面立体可以看成由 3 个四棱柱上下叠加而成，画轴测图时，可以由下而上（或者由上而下），也可以取两基本形体的结合面作为坐标面，逐个画出每一个四棱柱。

作图步骤：

1）在正投影图上选择、确定坐标系，坐标原点选在下部四棱柱底面的中心，如图 2-64a 所示。

2）画轴测轴。根据 x_1、y_1、z_1 作出底部四棱柱的轴测图，如图 2-64b 所示。

3）将坐标原点移至底部四棱柱上表面的中心位置，根据 x_2、y_2 作出中间四棱柱底面的四个顶点，并根据 z_2 向上作出中间四棱柱的轴测图，如图 2-64c 所示。

4）将坐标原点移至中间四棱柱上表面的中心位置，根据 x_3、y_3 作出上部四棱柱底面的四个顶点，并根据 z_3 向上作出上部四棱柱的轴测图，如图 2-64d 所示。

5）擦去多余的作图线，加深可见图线即完成该正等轴测图，如图 2-64e 所示。

（3）切割法　切割法适合于画由基本形体经切割而得到的形体。它是以坐标法为基础，先画出基本形体的轴测投影，然后把应该去掉的部分切去，从而得到所需的轴测图。

例 2-11　如图 2-65a 所示，用切割法绘制形体的正等轴测图。

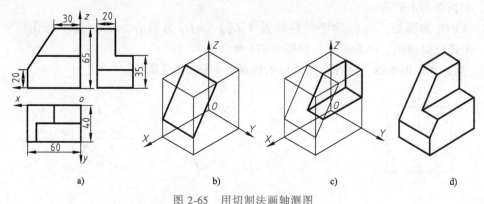

图 2-65　用切割法画轴测图

分析：通过对图 2-65a 所示的投影进行分析，可以把该形体看成是由一个长方体斜切左上角，再在前上方切去一个六面体而成。画图时可先画出完整的长方体，然后再切去一个斜角和一个六面体。

作图步骤：

1）确定坐标原点及坐标轴，如图 2-65a 所示。

2）画轴测轴，根据给出的尺寸作出长方体的轴测图，然后再根据尺寸 "20" 和 "30" 作出斜面的投影，如图 2-65b 所示。

3）沿 OY 轴量尺寸 "20" 作平行于 XOZ 面的平面，并由上往下切，沿 OZ 轴量取尺寸 "35" 作 XOY 面的平行面，并由前往后切，两平面相交切去一角，如图 2-65c 所示。

4）擦去多余的图线，并加深图线，即得物体的正等轴测图，如图 2-65d 所示。

三、回转体的正等轴测图的基本画法

1. 平行于坐标面的圆的正等轴测图的画法

图 2-66 所示的各圆，虽然它们都平行于坐标面，但三个坐标面或其平行面都不平行于相应的轴测投影面，因此它们的正等轴测图就变成了椭圆。

当画正等轴测图中的椭圆时，通常采用近似方法画出。现以平行于水平面的圆（水平圆）为例，如图 2-67a 所示，作图方法如下：

1）过圆心沿轴测轴方向作中心线，截取半径长度，得椭圆上四个点 A_1、C_1 和 B_1、D_1，然后画出外切正方形的轴测图（菱形），如图 2-67b 所示。

2）菱形短对角线端点为 O_1、O_2。分

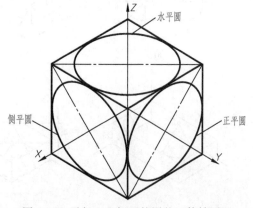

图 2-66　平行于坐标面的圆的正等轴测图

别连接 O_1、A_1 和 O_1、B_1，它们分别垂直于菱形的相应边，并交菱形的长对角线于 O_3、O_4，得四个圆心 O_1、O_2、O_3、O_4，如图 2-67c 所示。

3）以 O_1 为圆心，O_1A_1 为半径作圆弧 A_1B_1，以 O_2 为圆心，O_1A_1 为半径作另一圆弧 C_1D_1，如图 2-67d 所示。

4）以 O_3 为圆心，O_3A_1 为半径作圆弧 A_1D_1，以 O_4 为圆心，O_3A_1 为半径作另一圆弧 B_1C_1。所得近似椭圆，即为所求，如图 2-67e 所示。

5）擦去多余的图线，描深即得要画的椭圆，如图 2-67f 所示。

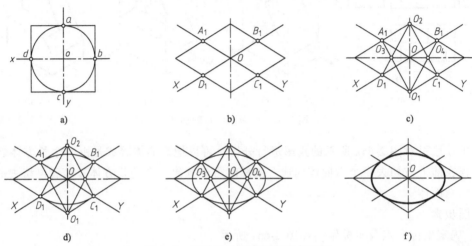

图 2-67　圆的正等轴测图的近似画法

2. 圆角的正等轴测图的画法

1/4 的圆柱面，称为圆柱角（圆角）。圆角是零件上常见的工艺结构之一。圆角轮廓的正等轴测图是 1/4 椭圆弧。实际画圆角的正等轴测图时，没有必要画出整个椭圆，而是采用简化画法。以带有圆角的平板（图 2-68a）为例，其正等轴测图的画图步骤如图 2-68b~f 所示。

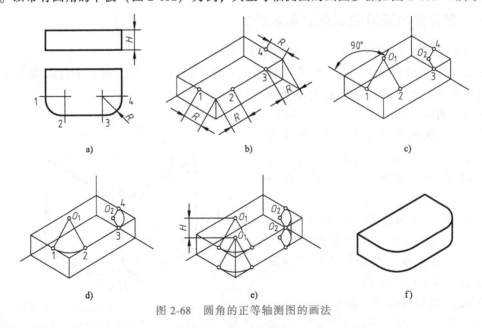

图 2-68　圆角的正等轴测图的画法

3. 回转体的正等轴测图的画法

掌握了平行于坐标平面的圆的正等轴测图的画法，就不难画出各种轴线垂直于坐标平面的圆柱、圆锥及其组合体的轴测图。

例 2-12   作出图 2-69a 所示圆柱切割体的正等轴测图。

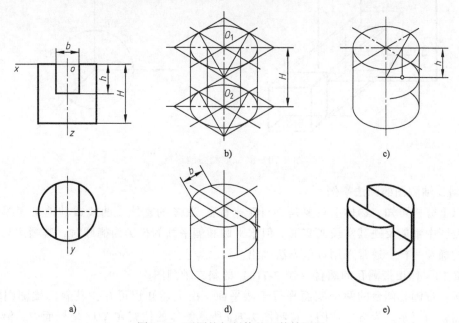

图 2-69   画圆柱切割体的正等轴测图

分析：该形体由圆柱体切割而成。可先画出切割前圆柱的轴测图，然后根据切口宽度 b 和深度 h，画出槽口轴测图。为作图方便和尽可能减少作图线，作图时选顶圆的圆心为坐标原点，连同槽口底面在内，该形体共有 3 个位置的水平面，在画轴测图时要注意定出它们的正确位置。

作图步骤：

1）在正投影图上确定坐标系，如图 2-69a 所示。

2）画轴测轴，用近似画法画出顶面椭圆。根据圆柱的高度尺寸 H 定出底面椭圆的圆心位置 O_2。将各连接圆弧的圆心下移 H，圆弧与圆弧的切点也随之下移，然后作出底面近似椭圆的可见部分，如图 2-69b 所示。

3）作出与上述两椭圆相切的圆柱面轴测图的外形线。再由 h 定出槽口底面的中心，并按上述移心方法画出槽口椭圆的可见部分，如图 2-69c 所示。作图时注意这一段椭圆由两段圆弧组成。

4）根据宽度 b 画出槽口，如图 2-69d 所示。

5）整理加深，即完成该立体的正等轴测图，如图 2-69e 所示。

四、斜二轴测图

1. 斜二轴测图的形成

投射线对轴测投影面倾斜，就得到物体的斜轴测图。如图 2-70 所示。由于坐标面 XOZ

平行于轴测投影面，故它在轴测投影面上的投影反映实形。常用的斜轴测图为斜二轴测图，其中，$\angle XOZ = 90°$，$\angle XOY = \angle YOZ = 135°$，轴向伸缩系数 $P_1 = r_1 = 1$，$q_1 = 0.5$。当零件只有一个方向有圆或形状复杂时，为了便于画图，宜用斜二轴测图表示。

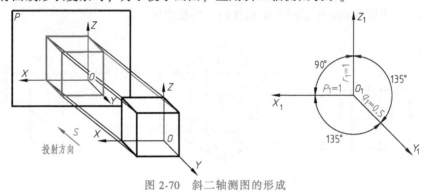

图 2-70　斜二轴测图的形成

2. 斜二轴测图的画法举例

由以上分析可知，物体上只要是平行于坐标面 XOZ 的直线、曲线或其他平面图形，在斜二轴测图中都能反映其实长或实形。但水平圆和侧平圆的投影为椭圆时，其画法与正等轴测图中的椭圆一样，通常采用近似方法画出。

例 2-13　作出带圆孔的圆台（图 2-71a）的斜二轴测图。

分析：带圆孔圆台的两个底面平行于侧平面，由上述知识可知，其斜二轴测图均为椭圆，作图较为复杂。为方便作图，可将图 2-71a 所示物体的位置在 XOY 坐标面内，沿逆时针方向旋转 90°，将其小端放置在前方，这样再进行绘图，其表达的物体形状结构并未改变，只是方向不同，但作图过程大大简化。

作图步骤：

1）确定坐标系，取大端底面的圆心为坐标原点。

2）画出轴测轴，依次画出表示前后底面的圆，分别作出内外两圆的公切线，如图 2-71b 所示。

3）描深，擦去多余的图线并完成全图，如图 2-71c 所示。

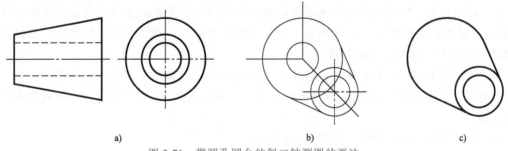

　　　　　　　a)　　　　　　　　　　　　　　b)　　　　　　　　　　　　c)

图 2-71　带圆孔圆台的斜二轴测图的画法

例 2-14　作出图 2-72a 所示的法兰盘的轴测图。

分析：该物体平行于坐标面 XOZ 的平面上具有较多的圆和圆弧，因此确定采用斜二轴测图。

作图步骤如图 2-72b～f 所示。

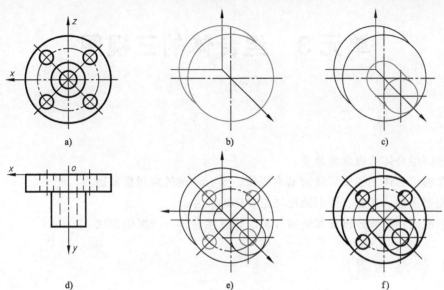

图 2-72　法兰盘斜二轴测图的画法

五、轴测草图的画法

画轴测草图是表达设计构思，帮助空间想象的一种有效手段。在学习投影作图过程中，常常借助轴测草图表达空间构思的模型。在新产品开发、技术交流、产品介绍等过程中，也常常用轴测草图。因此轴测草图也是表达设计思想的有效工具之一。

在绘制轴测草图时应注意三点：

1）同方向图线要平行。

2）明确不同方向的圆的轴测椭圆的长短轴方向。

3）掌握各部分的大致比例。

画轴测草图时，平面立体常用方箱法，即在长方体的基础上进行切割或叠加；圆的轴测图是椭圆时，仍是按具体情况采用菱形法画椭圆，如图 2-73 所示。

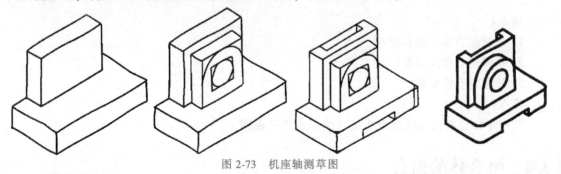

图 2-73　机座轴测草图

作　业

完成"学习工作页"单元 2 测试题和技能训练。

单元 3 组合体的三视图

学习目标

1) 理解组合体的概念和分类。
2) 掌握组合体三视图识读的基本要领，具有一定的空间想象能力。
3) 能够正确、齐全、清晰地标注组合体的尺寸。
4) 掌握运用形体分析法和线面分析法识读组合体三视图的方法。

知识结构图

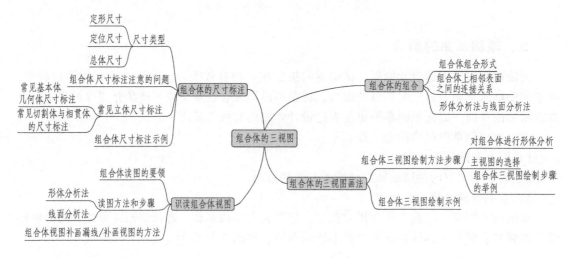

重点：
1. 掌握组合体三视图绘制。
2. 掌握组合体尺寸标注。
3. 掌握组合体识读。

难点：
利用形体分析法和线面分析法识读组合体三视图。

3.1 组合体的组合

　　任务描述：任何复杂的汽车零件，从形体角度看，都是由一些简单的平面立体和曲面立体所组成的。因此，将由平面立体和曲面立体组成的物体，称为组合体，如图 3-1 所示。从形体结构上看，组合体已非常接近实际的汽车零件，掌握组合体三视图的识图、作图方法可为阅读和绘制汽车零件图、装配图打好基础。

　　任务分析：组合体是由两个或两个以上基本几何体、切割体组合而成的，其识图和作图比单个几何体复杂一些。采用形体分析法和线面分析法是识读和绘制组合体三视图的有效方法。

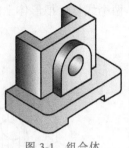

　　形体分析法和线面分析法是组合体识图和作图的基本方法，核心思想是将复杂问题简单化。应用基本几何体的投影特性，研究组合体中每个基本几何体的视图并综合分析出整个组合体的视图，这种方法称为形体分析法；应用点、线、面的投影特性，研究组合体上线、面的投影，并综合分析出组合体的整体形状或局部形状的视图，这种方法称为线面分析法。在组合体的识图和作图过程中，往往需要综合运用这两种方法。

图 3-1　组合体

　　知识准备：

一、组合体的组合形式

　　根据组合体组合形式和形体特征，组合体可分为叠加类、切割类和综合类三种类型。

　　（1）叠加类组合体　由各种基本几何体简单叠加而成的组合体称为叠加类组合体，如图 3-2 所示。

　　（2）切割类组合体　将一个基本几何体进行切割（如钻孔、挖槽等）后形成的组合体称为切割类组合体，如图 3-3 所示。

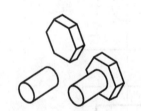

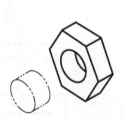

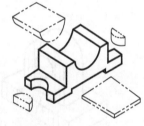

图 3-2　叠加类组合体　　　　　　　　图 3-3　切割类组合体

　　（3）综合类组合体　由若干个基本几何体经叠加和切割后形成的组合体称为综合类组合体，如图 3-4 所示。

二、组合体上相邻表面之间的连接关系

　　为了正确绘制组合体的三视图，必须分析组合体上被叠加或被切割的各基本体之间的相对位置和相邻表面之间的连接关系。无论哪种形式的组合体，在组合体中互相结合的两个基本体表面之间的相对位置关系可分为共面、不共面、相切

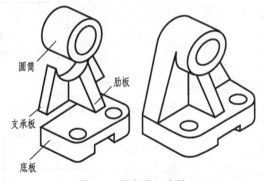

图 3-4　综合类组合体

和相交四种。只有分析清楚组合体上各表面之间的相对位置关系，读图时才能正确想象出组合体的结构形状，画图时才能避免多画图线（简称"多线"）或漏画图线（简称"漏线"）。

　　1. 共面

　　当形体的两表面共面时，中间不应有图线隔开，如图 3-5 所示。因为多画图线后出现了

两个线框，把形体上的一个平面表示成了两个平面。

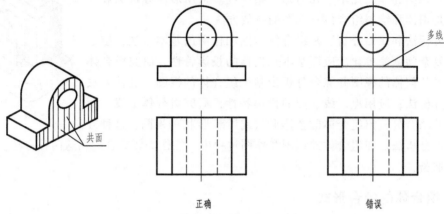

正确　　　　　　　　错误

图 3-5　形体的两表面平齐（共面）

2. 不共面

当形体的两表面不平齐时，中间应该有图线隔开，如图 3-6 所示。因为中间若没有图线隔开，就将两个不同的表面表示成同一个表面。

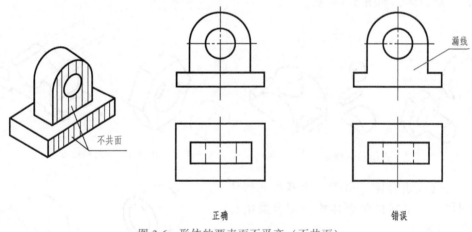

正确　　　　　　　　错误

图 3-6　形体的两表面不平齐（不共面）

3. 相切

当形体的两表面相切时，在相切处不画线。平面与曲面相切如图 3-7 所示，相切处不应画线。

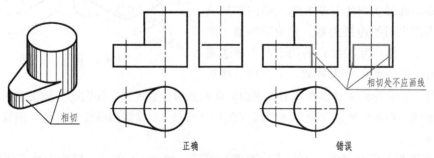

正确　　　　　　　　错误

图 3-7　平面与曲面相切

曲面与曲面相切如图 3-8 所示，相切处也不应画线。

4. 相交

当形体的两表面相交时，在相交处应该画出交线。平面与曲面相交如图 3-9 所示，相交处应画线，交线即为截交线。

曲面与曲面相交如图 3-10 所示，相交处也应画线，交线即为相贯线。

任务实施：如图 3-11 所示，分析组合体的构成及其表面之间的连接方式。

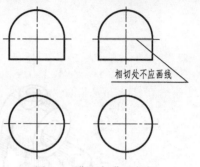

图 3-8 曲面与曲面相切

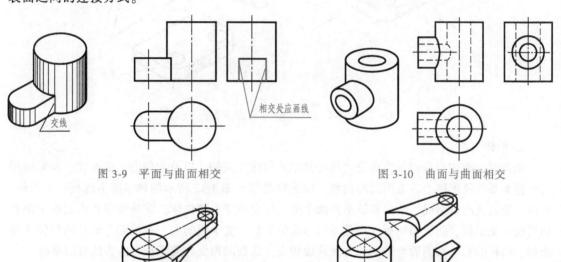

图 3-9 平面与曲面相交

图 3-10 曲面与曲面相交

a) 组合体　　　　　　　　b) 分解图

图 3-11 分析组合体构成

3.2 组合体的三视图画法

任务描述：要准确快速识读组合体的三视图，必须了解画组合体三视图的作图方法和步骤。

任务分析：假想把组合体分解成若干基本几何体，分析它们的组合方式，然后再把分解的各基本几何体看成相互联系的整体，进行综合分析，这种方法称为形体分析法。任何复杂的组合体都可运用形体分析的方法画图。形体分析法是指导画图和读图的基本方法。

知识准备：

画组合体三视图的方法与步骤

如图 3-12 所示，以滑动轴承座为例，阐述画组合体三视图的方法和步骤。

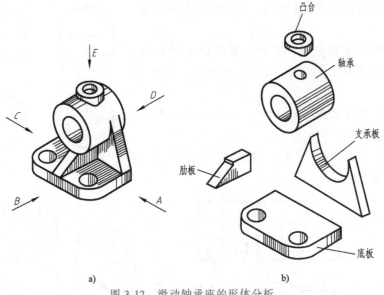

图 3-12　滑动轴承座的形体分析

1. 形体分析

画图时，首先要分析组合体是由哪些基本几何体组成的，以及它们的组成形式、各形体相对位置关系以及形体上各表面之间的相对位置情况等。图 3-12 所示的轴承座由底板、支承板、轴承、肋板及凸台组成。凸台和轴承是两个垂直相交的空心圆柱体，在外表面和内表面上都有相贯线；支承板、肋板和底板分别是不同形状的平板，支承板的左、右侧面与轴承的外圆柱面相切，肋板的左、右侧面与轴承的外圆柱面相交，底板的顶面与支承板、肋板的底面重叠。

2. 视图选择

在三个视图中，主视图应尽量反映机件的形状特征。如图 3-13 所示，将轴承座按自然位置安放后，对由箭头所指的 A、B、C、D 四个方向投射所得的视图进行比较，确定主视图。

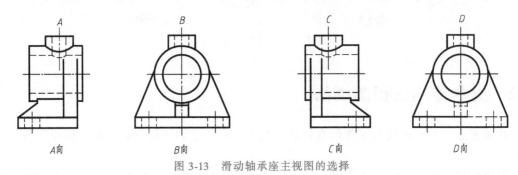

图 3-13　滑动轴承座主视图的选择

如图 3-13 所示，若以 D 向作为主视图，则虚线较多，显然没有 B 向清楚；C 向与 A 向视图虽然虚实线的情况相同，但如果以 C 向作为主视图，则左视图上会出现较多虚线，没有 A 向好；再比较 B 向与 A 向视图，B 向更能反映轴承座各部分的轮廓特征，所以确定以 B 向作为主视图的投射方向。

主视图确定以后，俯视图和左视图的投射方向也就确定了，即图 3-12 中的 E 向和 C 向。

3. 画三视图

画组合体的三视图时，首先要选择适当的比例，按图纸幅面布置视图的位置，确定各视图的轴线、对称中心线或其他定位尺寸线的位置；然后按形体分析法分解各基本体以及确定它们之间的相对位置，逐个画出各基本体的视图。

在逐个画基本体视图时，可同时画出基本体的三个视图，这样既能保证各基本体之间的相对位置和投影关系，又能提高绘画速度。在形状较复杂的局部，如具有截交线和相贯线的情况，辅助采用线面分析法，既可帮助想象和表达，又能减少三视图中的错误。底稿完成后，要仔细检查，修正错误，擦去多余作图线，再按规定线型加深，具体作图步骤如图 3-14 所示。

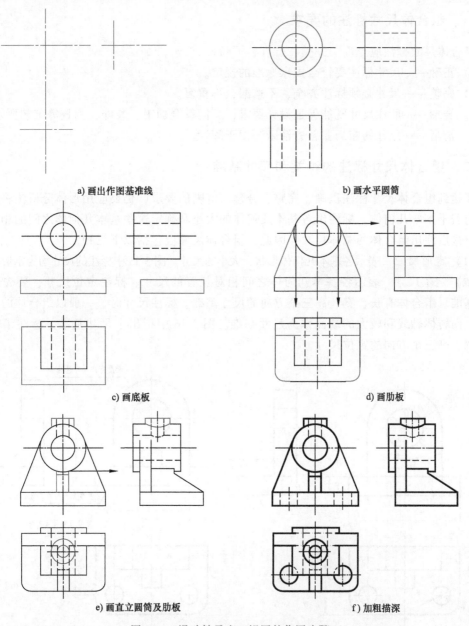

图 3-14　滑动轴承座三视图的作图步骤

3.3 组合体的尺寸标注

任务描述：组合体三视图只能反映组合体的结构形状，要确定组合体的大小还需要标注尺寸。尺寸如何标注？组合体的尺寸标注要注意哪些问题？

任务分析：组合体的绘图和读图离不开形体分析法，尺寸标注符合国家标准也同样离不开形体分析法。在应用形体分析法的同时还要注意一些相关事项。

知识准备：

一、组合体尺寸标注的要求

组合体尺寸标注应正确、完整、合理、清晰。

1）正确——尺寸标注要符合国家标准的规定。

2）完整——尺寸必须标注齐全，不遗漏，不重复。

3）合理——所注尺寸既能保证设计要求，又能符合加工、装配、测量等工艺要求。

4）清晰——尺寸的布局要整齐清晰，便于阅读。

二、组合体尺寸标注的种类和尺寸基准

要达到组合体尺寸标注正确、完整、合理、清晰的要求，仍要应用形体分析法将组合体分解为若干基本几何体，标注出各基本几何体的大小和确定这些基本几何体之间的相对位置尺寸，最后注出组合体的总体尺寸。因此，组合体尺寸应包括以下三种。

（1）**定形尺寸**　表示各基本几何体形状、大小的尺寸。图3-15中标注的尺寸均为定形尺寸。

（2）**定位尺寸**　表示各基本几何体之间相对位置的尺寸。标注定位尺寸，要先选择好尺寸基准。组合体有长、宽、高三个方向的尺寸基准。标注尺寸时，一般以组合体的对称中心线、回转体轴线和较大的端面作为尺寸基准。图3-16中指出了尺寸基准并标注了轴承座长、宽、高三个方向的定位尺寸。

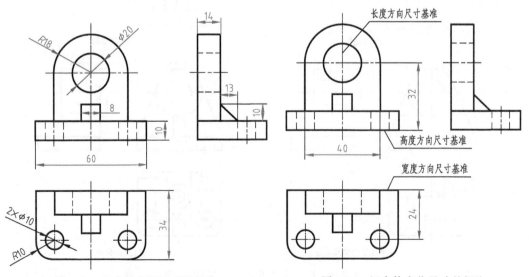

图 3-15　组合体定形尺寸的标注　　　　图 3-16　组合体定位尺寸的标注

（3）总体尺寸　表示各组合体的总长、总宽、总高的尺寸。组合体一般应注出总体尺寸，但对于具有圆和圆弧结构的组合体，为明确圆弧的中心和孔的轴线位置，则不标注该方向的总体尺寸，图 3-17a 中总高尺寸标注为 50 为错误标注，该方向的总体尺寸可以由"定形"尺寸加上"定位"尺寸得到，如图 3-17b 所示。

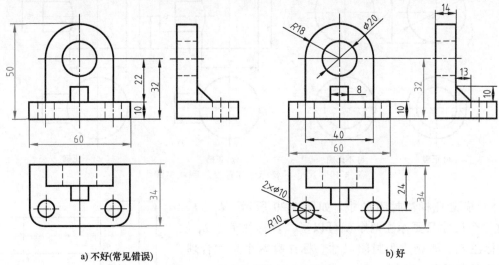

a) 不好(常见错误)　　　　　　　　　　　　b) 好

图 3-17　组合体总体尺寸的标注

三、组合体尺寸标注应注意的问题

为了看图方便，在标注尺寸时，应当考虑使尺寸的布置整齐清晰，下面归纳总结出几种常见的处理方法，以供参考。

1）为了使图面清晰，应当将多数尺寸标注在视图外面，如图 3-17b 所示。与两视图有关的尺寸标注在两视图之间，如图 3-17b 中支承板的长度尺寸 40 和底板的长度尺寸 60。

2）组合体每一形体的尺寸，应尽可能集中标注在反映该形体特征的视图上。如图 3-17b 所示，底板的长度和高度尺寸集中标注在主视图上，而底板的宽度尺寸和底板上两个孔的尺寸集中标注在俯视图上。这样可使看图时查找方便。

3）同一形体的尺寸应尽量集中标注。尽量避免尺寸线与尺寸线或尺寸界线相交；相互平行的尺寸应按大小顺序排列，小的在内，大的在外；同心圆柱的尺寸，最好标注在非圆的视图上。如图 3-18 所示。

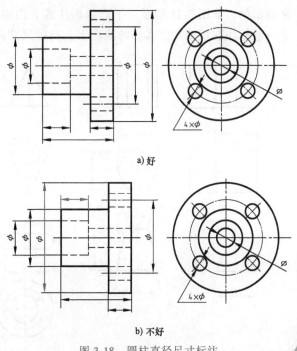

a) 好

b) 不好

图 3-18　圆柱直径尺寸标注

4）尺寸不要直接标注在截交线和相贯线上。交线是组合体各基本几何体间叠加（或切割）相交时自然产生的，所以在交线上不应标注尺寸，如图 3-19 所示。

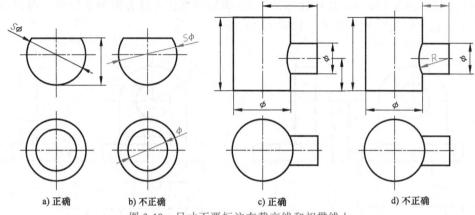

a) 正确   b) 不正确   c) 正确   d) 不正确

图 3-19　尺寸不要标注在截交线和相贯线上

5）应避免标注封闭尺寸。如图 3-20 所示，L_1、L_2、L_3 这三个尺寸只要标注两个就可以了，若标注 L_3、L_2 就不应标注 L_1，否则成为封闭尺寸。标注哪两个尺寸合理，由加工要求而定。

6）尺寸尽量不要标注在虚线上。

四、常见立体尺寸标注示例

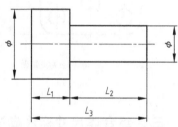

图 3-20　避免标注封闭尺寸

（1）常见基本几何体尺寸标注　基本几何体的大小是用长、宽、高三个方向尺寸标注来表示的，如图 3-21 所示。平面需标注底和高的尺寸，或上底、下底和高的尺寸。底面尺寸一般标注在反映底面实形的视图上，高度尺寸标注在反映形体高度的视图上。回转体一般

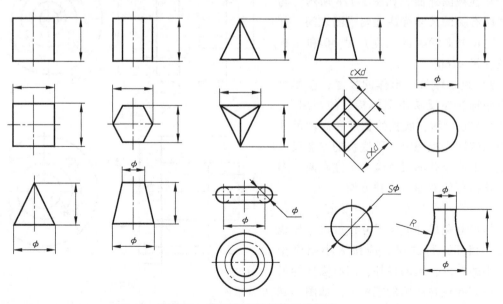

图 3-21　常见基本几何体尺寸标注

应注出底圆或上、下底圆的直径及高度尺寸。圆的直径尺寸前加"φ"，半径尺寸前加"R"，球的直径尺寸前加"Sφ"。

（2）常见切割体和相贯体的尺寸标注　基本几何体被切割或相贯时，除了标注它的大小外，还应标注形体之间或切平面与形体之间的相对位置尺寸。定位尺寸确定后，相贯线、截交线的形状和大小也随之确定，如图 3-22 所示。

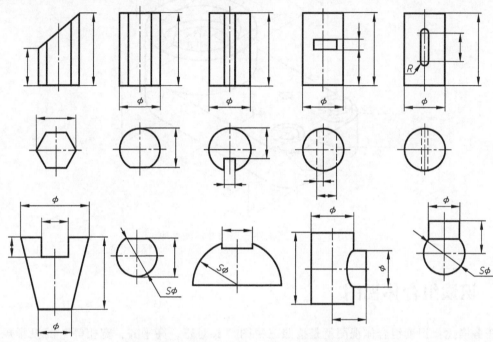

图 3-22　常见切割体与相贯体的尺寸标注

（3）组合体尺寸标注示例　组合体尺寸标注示例如图 3-23 所示。

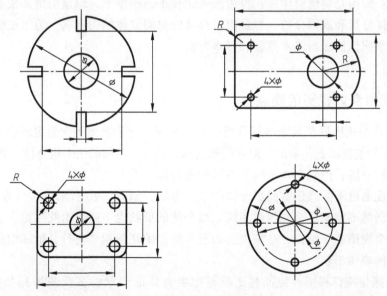

图 3-23　组合体尺寸标注示例

任务实施：如图 3-24 所示，绘制该机件的三视图，并标注尺寸。

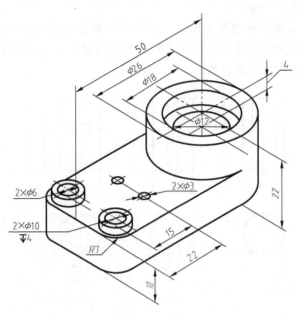

图 3-24　绘制机件三视图并标注尺寸

3.4　识读组合体视图

任务描述： 识读组合体视图就是按照三视图"长对正，高平齐，宽相等"的投影规律，根据平面图形想象出组合体的空间结构形状的过程。读图时，一般采用形体分析法和线面分析法。在应用这些方法时，还要注意一些要点，遵循一定的规律。

任务分析： 画图是将组合体按正投影法表达在平面图纸上，识读图则是根据已经画出的视图，通过形体分析和线面分析，想象出组合体的空间立体结构形状。为了正确、快速地读懂视图，必须掌握识读图的基本要领和基本方法。

知识准备：

一、识读组合体视图的要点

（1）要把几个视图联系起来进行分析　一般来说，一个视图不能确定组合体的形状。如图 3-25a、b、c 的主视图是一样的，但它们却表示形状完全不同的三个组合体。图 3-25d、e 的俯视图都是两同心圆，但它们却是两个不同的组合体。

有时两个视图也不能确定空间组合体的唯一形状，如图 3-26 所示。若只看主、俯视图，组合体的形状仍然不能确定。左视图不同，组合体的形状也不同。由此可见，看图时，不能只看一个或两个视图就下结论，必须把已知所有的视图联系起来进行分析和构思，才能想象出空间组合体的确切形状。

（2）善于抓住特征视图　特征视图就是把组合体的形状特征反映最充分的那个视图。如图 3-27 中的主视图即为特征视图，找到这个视图，再与其他视图联系起来，就能较快地

想象出组合体的结构形状。有时由于组合体各组成部分的形状和位置特征并不一定都集中在某一方向上，因此，反映各部分形状特征和位置特征的投影也不会都集中在某一视图上。看图时必须善于找出反映特征的视图，这样就便于想象其形状和位置。

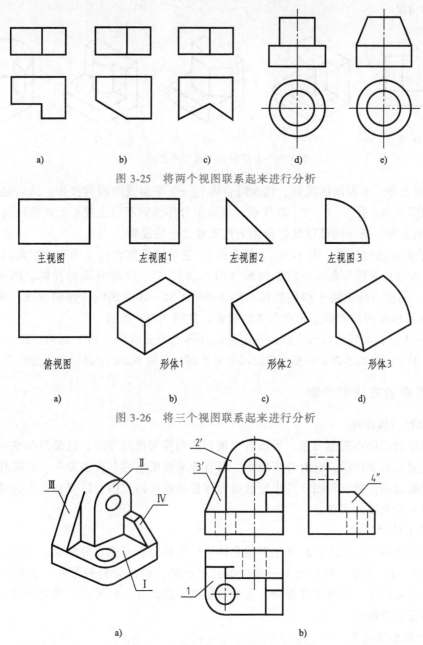

图 3-25　将两个视图联系起来进行分析

图 3-26　将三个视图联系起来进行分析

图 3-27　确定组合体的特征视图

图 3-27 所示的组合体，可以看出由 4 个基本几何体叠加而成。看形体 I 时，必须抓住其俯视图中反映其形状特征的线框 1；看形体 II 和 III 时，必须抓住主视图中反映其形状特征的线框 2′和 3′；看形体 IV 时，必须抓住左视图中反映其形状特征的线框 4″。

（3）要注意视图中反映形体之间连接关系的图线　形体之间表面连接关系的变化，会

使视图中的图线也产生相应的变化。图 3-28a 所示为组合体的一个视图，可以想象出它是多种不同形状组合体的主视图，图 3-28b、c、d、e 表示了 4 种组合体的形状。随着空间组合体形状的改变，在同样一个视图上，它的每条线和每个封闭线框的含义是不同的。具体分析有下面几种情况：

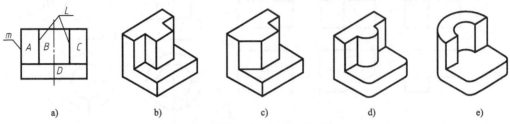

图 3-28　分析视图中线和线框的含义

1）视图上每一个封闭的线框，代表组合体上一个平面或曲面的投影，或者是一个通孔的投影。如图 3-28a 中 A、B、C、D 线框，表示组合体前后不同位置平面或曲面的投影。

2）视图上每一条图线可以是组合体下列要素之一的投影。

① 两平面交线的投影。图 3-28a 上的直线 l，它可以是组合体上两平面交线的投影（图 3-28c），也可以是平面与曲面交线的投影（图 3-28d、e）；② 垂直面的投影。图 3-28a 上的直线 l 和 m，是组合体上侧平面的投影，如 3-28b 所示；③ 曲面的转向轮廓线。图 3-28a 上的直线 m 也可以是圆柱面最左轮廓素线的投影，如图 3-28e 所示。

3）视图上任何相邻的封闭线框，一定是组合体上相交或前后两个面的投影。如图 3-28a 中的线框 B 和 C，在图 3-28b 中表示前后两个正平面，在图 3-28c 中表示相交的两个面。

二、读图的方法和步骤

1. 认识视图抓特征

认识视图就是以主视图为主，弄清各个视图的名称与投射方向。这是最基本的前提，以后会遇到更复杂的零件图，会有许多视图，只有弄清视图名称与投射方向，才能看懂图样。

抓特征就是抓住特征视图。找出反映组合体特征较多的视图，以便在较短的时间内对整个组合体有一个大致的了解。

2. 分析形体对投影

参照组合体的特征视图，从图上对组合体进行形体分析，把它分解成几部分。再根据投影的"三等"对应关系，划分出每一部分的三个投影，想出它们的形状。在看图时，一般顺序是先看主要部分，后看次要部分；先看容易确定的部分，后看难于确定的部分；先看整体形状，后看细节形状。

3. 综合起来想整体

在看懂每个基本体形状的基础上，再根据整体的三视图，想象它们的相互位置关系，逐渐形成一个整体形状。

4. 线面分析攻难点

在一般情况下，形体清晰的零件，用上述形体分析方法看图就能解决问题了。然而，有些零件较为复杂，完全用形体分析法还不够。因此，对于图样上一些局部的复杂投影，有时

需要应用线面分析法来进行分析。下面分别介绍用形体分析法和线面分析法读图的方法。

　　(1) 形体分析法　读图的基本方法与画图一样，主要也是运用形体分析法。在反映形状特征比较明显的主视图上先按线框将组合体划分为几个部分，即几个基本体，然后通过投影关系找到各线框所表示的部分在其他视图中的投影，从而分析各部分的形状以及它们之间的相对位置，最后综合分析想象出组合体的整体形状。

　　下面通过两个例子说明运用形体分析法识读组合体视图的方法与步骤。

　　例 3-1　用形体分析法识读图 3-29 所示的组合体的三视图。

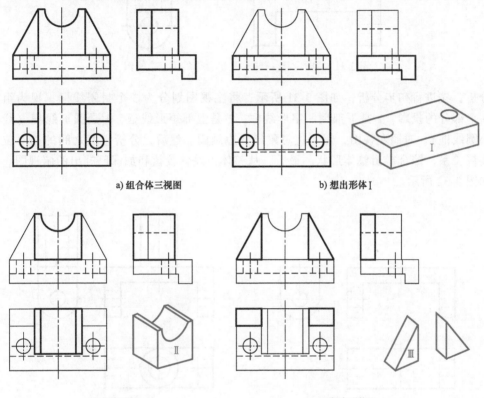

a) 组合体三视图　　　　　　　　b) 想出形体Ⅰ

c) 想出形体Ⅱ　　　　　　　　　d) 想出形体Ⅲ

图 3-29　用形体分析法识读组合体的三视图

　　1) 认识视图抓特征。由图 3-29a 可知，主视图是特征视图，反映了组成该组合体各基本体的形状特征。

　　2) 分析形体对投影。采用形体分析法，根据组合体视图的特征视图，将其分成几部分，然后逐个分析每部分的投影，想出其形状，确定各部分连接表面的连接关系。将图 3-29a 中线框分为Ⅰ、Ⅱ、Ⅲ三部分。根据三视图的"三等"对应关系，在其他视图中找出各部分对应的投影。根据每一部分的三视图想象出各形体的空间形状，确定它们之间的相互位置关系，如图 3-29b、c、d 所示。

　　3) 综合起来想整体。确定出各形体的形状和相对位置后，综合想象出组合体的整体形状，如图 3-30 所示。

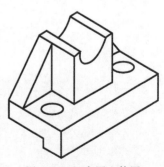

图 3-30　组合图立体图

例 3-2　如图 3-31 所示，已知机件的主、左视图，补画俯视图。

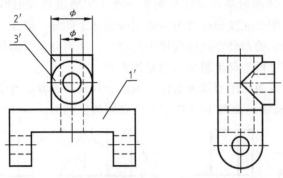

图 3-31　用形体分析法补画组合体的第三个视图

分析：先进行初步分析，如图 3-31 所示，将主视图划分为 3 个封闭线框，视为组成机件的 3 个部分的投影：1′是下部倒凹字形线框，2′是上部矩形线框，3′是圆形线框（线框内还有小圆线框）。对照左视图，逐个边想象形状边画图。然后，分析它们之间的相对位置和表面连接关系，综合得出整体形状。最后，从整体出发，校核和加深已补出的俯视图。作图过程如图 3-32 所示。

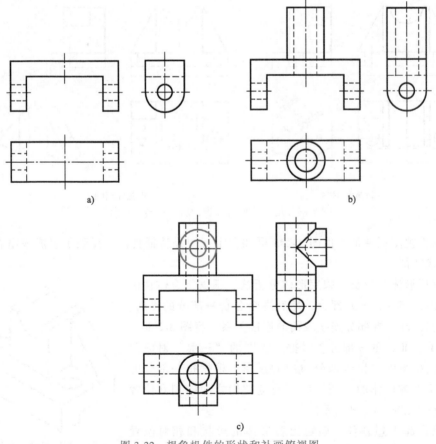

图 3-32　想象机件的形状和补画俯视图

1）在主视图上分离出底板的线框 1′，由主、左视图对投影可看出它是一块倒凹字形底板，下端为半圆形的耳板且左右两侧加工有圆孔。画出底板的俯视图，如图 3-32a 所示。

2）在主视图上分离出上部矩形线框 2′，由于在图 3-31 中注有直径 φ，对照主视图可知，它是轴线垂直于水平面的圆柱，圆柱与底板的前后端面相切，中间加工有穿通底板的圆柱孔。画出具有穿通底板的圆柱孔的圆柱的俯视图，如图 3-32b 所示。

3）在主视图上分离出圆形线框 3′（中间还有一个小圆线框），对照左视图可知，它是一个中间有圆柱通孔，轴线垂直于正平面的圆柱，置于上部圆柱的前方，其直径与垂直于水平面的圆柱的直径相等，而内孔的直径比铅垂的圆柱孔小，它们的轴线垂直相交，连接表面产生相贯线。画出具有通孔的正垂圆柱的俯视图，如图 3-32c 所示。

4）根据底板和两个圆柱的形状以及它们之间的相对位置，想象出机件的整体形状。最后，按想象出的整体形状校核补画的俯视图，并按规定的线型加深。

（2）线面分析法　读形状比较复杂的组合体的视图时，在运用形体分析法的同时，对于不易读懂的部分，还常用线面分析法来帮助想象和读懂这些局部形状。

构成组合体的各个表面，不论其形状如何，它们的投影如果不具有积聚性，一般都是一个封闭线框。在读图过程中，常用线和面的投影特性来帮助分析组合体各部分的形状和相对位置，从而想象出组合体的整体形状。

例 3-3　用线面分析法识读图 3-33a 所示的组合体三视图。

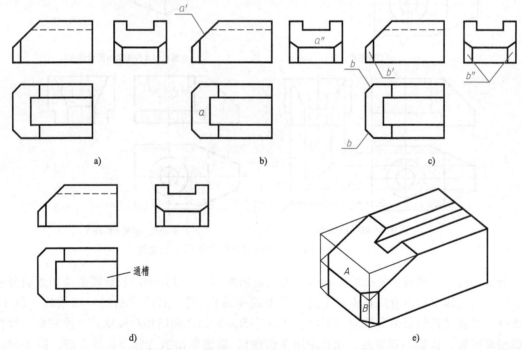

图 3-33　用线面分析法识读组合体的三视图

1）由于图 3-33a 所示组合体的三个视图的外形轮廓基本上都是长方形，主、俯视图上有缺角，左视图上有缺口，可以想象出该组合体是由一个长方体被切割掉若干部分所形成的。

2）如图 3-33b 所示，由俯视图左边的十边形线框 a 对投影，在主视图上找到对应的斜

线 *a'*，在左视图上找到类似的十边形 *a″*（正投影的类似性）。根据投影面垂直面的投影特性，就可判断 *A* 面是一个正垂面。

3）如图 3-33c 所示，由主视图左边的四边形 *b'* 对投影，在俯视图上找到对应的前、后对称的两条斜线 *b*，在左视图上找到对应的前、后对称的两个类似的四边形 *b″*。可确定有前、后对称的两个铅垂面 *B*。

4）如图 3-33d 所示，由左视图上的缺口对投影，结合主、俯视图中对应的投影，可想象出是在长方体的上部中间，用前后对称的两个正平面和一个水平面切割出的一个侧垂的矩形通槽。

5）通过上述线面分析，可想象出该组合体是一个长方体在左端被一个正垂面和两个前后对称的铅垂面切割后，再在上部中间用两个前后对称的正平面和一个水平面切割出一个侧垂的矩形通槽而形成的。从而可以想象出这个组合体的整体形状如图 3-33e 所示。

例 3-4 用线面分析法补画图 3-34a 所示的组合体三视图上的缺线。

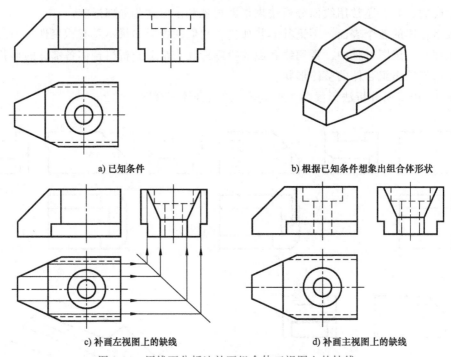

a) 已知条件　　　　b) 根据已知条件想象出组合体形状

c) 补画左视图上的缺线　　　　d) 补画主视图上的缺线

图 3-34　用线面分析法补画组合体三视图上的缺线

分析：对于一些较为复杂的组合体，尤其是切割体，一些局部的投影需要应用线面分析法看图。组合体也可以看成是由若干面（平面或曲面）、线（直线或曲线）围成的。因此，线面分析法就是把组合体分解为若干面、线，并确定它们之间的相对位置，以及它们与投影面的相对位置（投影不积聚时，注意应用类似性），以想象出组合体形状的方法。图 3-34b、c、d 为用线面分析法画图的步骤，可以参照例 3-3 的方法自行分析画图过程。

三、组合体三视图补画缺线和补画视图

补画组合体视图中的缺线或由已知的两个视图补画第三个视图是培养空间想象能力与提高画图和读图能力的重要手段。解决这类问题的前提条件是所给视图应能完整清晰地表达出

组合体的形状。因此，补画组合体视图中的缺线或由已知两个视图补画第三视图时，应在看懂三视图想象出组合体形状的基础上进行。

1. 补画组合体视图中的缺线

补画组合体视图中的缺线，一般都在图形轮廓范围之内，缺漏的图线是已给视图能够确定的。常见的缺线有各基本体叠加时，在结合处产生的交线或切割时产生的截交线。因此，补画缺线时，也应先看懂视图，想象出所表示形体的形状，按画图步骤逐步画出所缺的图线。

例 3-5　补画图 3-35a 所示组合体视图中所缺的图线。

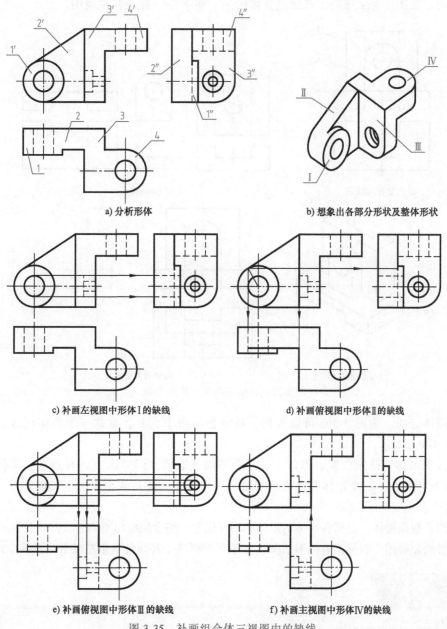

a) 分析形体　　　　　　　　　b) 想象出各部分形状及整体形状

c) 补画左视图中形体Ⅰ的缺线　　　　　d) 补画俯视图中形体Ⅱ的缺线

e) 补画俯视图中形体Ⅲ的缺线　　　　　f) 补画主视图中形体Ⅳ的缺线

图 3-35　补画组合体三视图中的缺线

1）分析形体，想出组合体形状。如图 3-35a 所示，该组合体由四部分组成，根据"三等"规律找出各部分的三面投影，确定各部分的相对位置，综合想象出整体形状，如图 3-35b 所示。

2）补缺线。根据组合体形状、各部分间的相对位置及邻接表面的连接关系，按"三等"规律逐一补画出各部分在三视图中的缺线，如图 3-35c～f 所示。

2. 补画第三视图

补画组合体的第三视图一般可分为两步进行：

1）按读图方法，读懂所给视图，想象出组合体的形状。

2）按照画组合体视图的方法步骤作出第三视图。

例 3-6　如图 3-36a 所示，已知组合体的主、俯视图，补画其左视图。

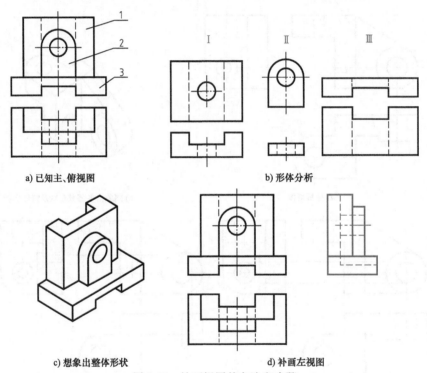

图 3-36　补画视图的方法和步骤

1）形体分析。由图 3-36a 可以看出，该组合体由 Ⅰ、Ⅱ、Ⅲ 共三个形体构成，各形体投影如图 3-36b 所示。

2）认识形体，确定位置。形体 Ⅰ、Ⅲ 后部均有通槽，形体 Ⅰ 上还有通孔；形体 Ⅱ 为 U 形板，其上有通孔。三个形体是左右居中叠加，形体 Ⅰ、Ⅲ 后表面及上下通槽共面，前后通孔轴线重合。

3）综合想象整体。根据各形体的形状和相互位置，综合想象出整体形状，如图 3-36c 所示。

4）补画左视图。根据组合体形状和"三等"规律逐个补画各形体左视图，如图 3-36d 所示。

作　　业

完成"学习工作页"单元 3 测试题和技能训练。

单元 4 图样的基本表达方式

学习目标

1）能使用基本视图、向视图、斜视图和局部视图来清晰表达汽车机械零件的外部结构形状。

2）能够运用剖视图正确、完整、清晰地表达汽车机械零件的内部结构形状并进行标注。

3）能使用断面图来表示汽车机械零件上某一局部结构的断面形状。

4）能够使用局部放大图等一些其他规定画法来表达复杂汽车机械零件的结构形状。

知识结构图

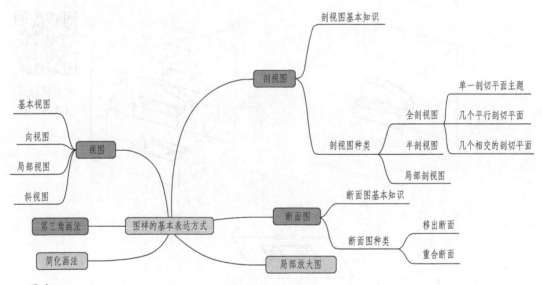

重点：

1. 能使用基本视图、向视图、斜视图和局部视图来清晰表达汽车机械零件的外部结构形状；
2. 能够运用剖视图正确、完整、清晰地表达汽车机械零件内部结构形状并进行标注；
3. 能使用断面图来表示汽车机械零件上某一局部结构的断面形状；
4. 能够使用局部放大图等一些其它国标规定画法来表达汽车机械复杂零件的结构形状。

4.1 视图

任务描述：第三章介绍了运用三视图表示组合体的方法。但是在实际生产中，汽车机械零件的形状是千变万化的，有些零件的外形和内部结构都很复杂，如图 4-1 所示。只用三个

视图不能完整、清晰地把它们表达出来，还需要增加其他方向的视图，或者用剖视的方法表达。

任务分析：为了完整、清晰、简明地表达各种汽车机械零件，国家标准"技术制图"和"机械制图"规定了绘制机械图样的基本表示法：视图、剖视图和断面图。这些画法是每个制图人员必须共同遵守的规则，应该在学习中逐步地熟悉并掌握。

知识准备：视图是根据有关标准和规定，绘制出机件的多面正投影图形。视图主要用于表达机件外部结构形状，一般只画机件的可见轮廓，必要时其不可见轮廓才用细虚线画出。当机件的外部结构形状比较复杂时，为了满足生产用图的需要，国家标准规定了下列视图表达方法：基本视图、向视图、局部视图和斜视图等。

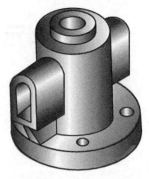

图 4-1 机械零件

一、基本视图

当汽车机械零件的外形复杂时，为了清晰地表示出它的上、下、左、右、前、后的不同形状，根据实际需要，除了第三章介绍的三个视图外，还可再加三个视图。如图 4-2a 所示，在原来三个投影面的基础上，再增设三个投影面。从右向左投射得到右视图，从下向上投射

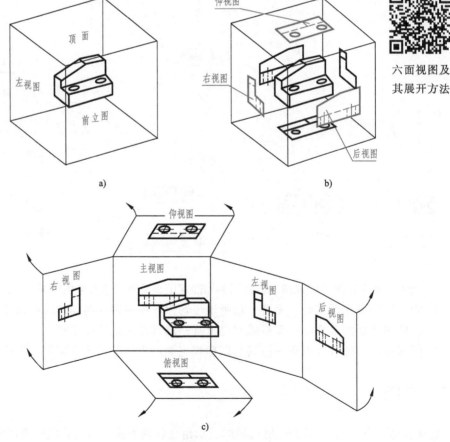

图 4-2 六面视图及其展开方法

得到仰视图，从后向前投射得到后视图，如图 4-2b 所示。这六个视图称为基本视图。

六个投影面连同它上面的视图展开的方法，如图 4-2c 所示，逐步展开到与正面在同一个平面上。展开后，六个视图的配置如图 4-3 所示，此时，可不标注视图名称，它们仍保持"长对正，高平齐，宽相等"的投影关系。

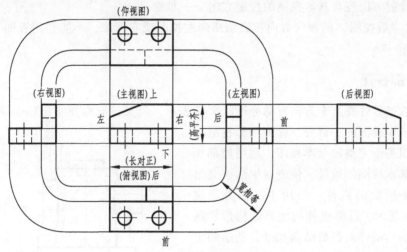

图 4-3　基本视图的配置

六个基本视图也反映了机件的上下、左右和前后的方位关系，除后视图之外，在围绕主视图的俯视图、仰视图、左视图、右视图四个视图中，远离主视图的一侧表示机件的前方，靠近主视图的一侧表示机件的后方。

实际画图时，并非任何机件都必须将六个基本视图全部画出，应根据机件的复杂程度和表达需要，选用其中必要的几个基本视图。通常优先选用主视图、俯视图、左视图三个视图。

二、向视图

向视图是可自由配置的基本视图。国家标准规定的 6 个基本视图的配置关系，可以很方便地确认各视图的名称并且有利于读图。但是，当某个基本视图不能按投影关系配置时，其配置关系可以改变，可按向视图配置。如图 4-4 中的向视图 D、向视图 E 和向视图 F。向视

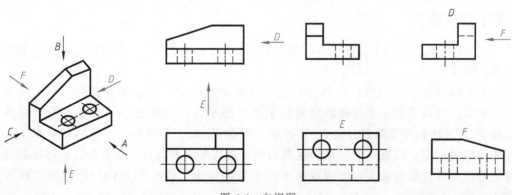

图 4-4　向视图

图必须在图形上方中间位置处标注 "×"（"×" 为大写拉丁字母），在相应视图的附近用箭头指明投射方向，并标注相同字母。

采用向视图时要注意：

1）向视图是基本视图（完整视图）的另一种表达形式，是只能平移（不能旋转）的基本视图。其投射方向应与基本视图的投射方向一一对应。

2）注意 "后视图" 的投射方向，必须指向左视图或右视图，不能在俯视图、仰视图上画箭头。

三、局部视图

当汽车机械零件在某个方向有部分形状需要表示，但又没有必要画出整个基本视图时，可以只画出基本视图的一部分，称为局部视图。

局部视图是不完整的基本视图，利用局部视图可以减少基本视图的数量，使表达简洁、突出重点。图 4-1 所示的机件，采用主、俯两个视图，如图 4-5 所示，已将机件的主要结构形状基本表达清楚，而机件两侧的结构如果分别绘制出左、右视图，则图形重复且烦琐。为了避免重复表达和简化作图，只需将机件尚未表达清楚的左、右两侧的部分结构，分别向基本投影面投射，用所得的局部视图 A 和局部视图 B 进行补充表达即可，如图 4-5 所示。

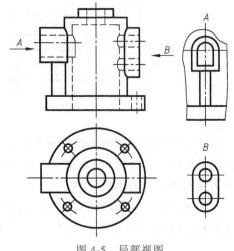

图 4-5　局部视图

采用局部视图时要注意：

1）一般应在局部视图的上方标出视图的名称，并在相应的视图附近用带同样字母的箭头指明表达部位和投射方向。

2）局部视图的范围应以波浪线或双折线表示（如图 4-5 所示 A 向局部视图）。但当所表示的局部结构是完整的，且外轮廓线封闭时，则波浪线或双折线可以省略（如图 4-5 所示 B 向局部视图）。

3）局部视图尽量按基本视图位置配置，必要时也允许配置在其他适当的位置。

四、斜视图

斜视图是将机件向不平行于基本投影面的平面投射所得的视图，用于表达机件上倾斜结构的真实形状。

如图 4-6a 所示，当机件的某部分与基本投影面倾斜时，在基本投影面上不能反映该部分的实形，可以设立一个与倾斜结构的主要平面平行，并垂直于一个基本投影面的辅助投影面 H_1，然后将倾斜部分向 H_1 面投射，则在 H_1 面上可得到反映倾斜部分真实形状的视图，即斜视图。斜视图通常按向视图的配置形式配置并标注，必要时，允许将斜视图旋转配置，旋转符号的箭头指向表示该视图名称的字母，箭头的方向与图形的旋转方向相同，如图 4-6b 所示。

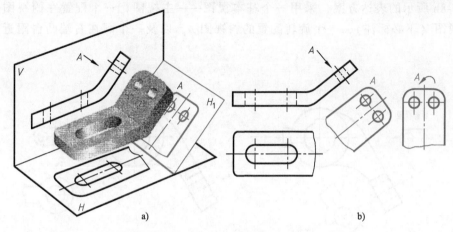

图 4-6　斜视图

五、识读视图举例

上述介绍了基本视图、向视图、局部视图和斜视图，在实际应用时，应根据机件的复杂程度和表达需要，灵活选用上述各种表达方法。

图 4-7a 所示为压紧杆的三视图。由于压紧杆的左端耳板是倾斜的，所以在左视图和俯视图上都不反映实形，画图烦琐且表达不清楚。为了清晰地表达倾斜结构，可按图 4-7b 所示，在平行于耳板主要表面的正垂面上画出耳板的斜视图，以反映耳板的实形。由于斜视图只是表达压紧杆倾斜部分结构的局部形状，所以，画出耳板的实形后，用波浪线断开，其余部分的轮廓线不必画出。

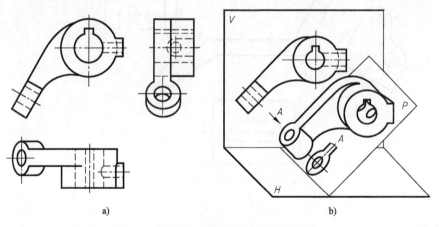

图 4-7　压紧杆三视图及耳板部分的表达

图 4-8 所示为压紧杆的两种表达方案。

图 4-8a 所示的表达方案，采用一个基本视图——主视图，用于表达主体结构和各组成部分的相互位置关系，配置在俯视图位置上的局部视图，表达内孔及键槽的深度（通孔和通槽），按投影关系配置的斜视图 A，表达左下角耳板的实形。左侧按投影关系配置的局部视图，表达右端凸台的实形。

图 4-8b 所示的表达方案，采用一个基本视图——主视图，一个配置在俯视图位置上的局部视图（不必标注），一个旋转配置的斜视图 *A*，以及一个画在右端凸台附近的局部视图。

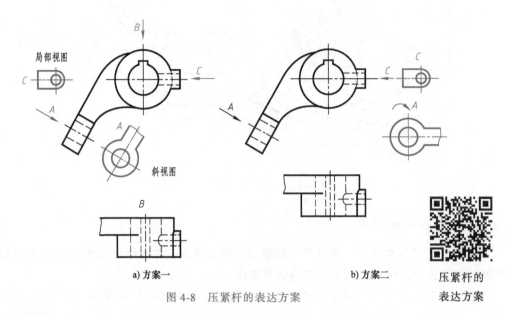

a) 方案一　　　　　　　　　　　　　　　　　　　b) 方案二　　　压紧杆的
表达方案

图 4-8　压紧杆的表达方案

任务实施：对图 4-9 所示接板的相关视图进行必要的标注。

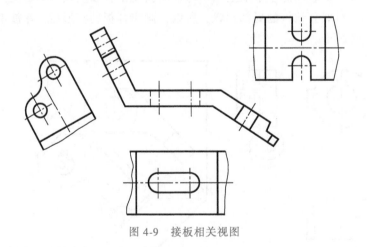

图 4-9　接板相关视图

4.2　剖视图

任务描述：视图主要用来表达机件的外部形状。若机件内部结构比较复杂，用视图来表示就会出现较多虚线而使图形不清楚，不便于看图和标注尺寸，如图 4-10 所示。为了解决这个问题，使原来不可见的部分转化为可见的，国家标准规定了剖视图的画法。

任务分析：为了清晰地表达机件的内部结构，减少视图中的虚线，国家标准规定了剖视图的画法。剖视图是后续学习零件图和装配图的基础，应该熟练掌握并灵活运用。

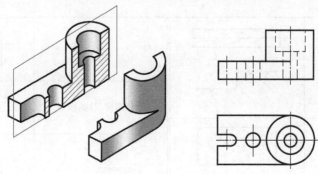

图 4-10　机件及其视图

知识准备：

一、剖视图的形成、画法及标注

1. 剖视图的形成

如图 4-11 所示，假想用一个剖切面 A，通过机件的对称中心线把机件剖开，将处于观察者和剖切面之间的部分移去，而将其余部分向投影面进行投射，得到的图形称为剖视图，简称剖视。

机件被假想剖切后，在剖视图中，剖切面与机件的接触部分称为剖面区域。为了区别具有实体材料的切断面（即剖面区域）和其余部分（剖切面后面的可见轮廓及结构的中空部分），应在剖面区域内画出剖面符号（图 4-11）。国家标准规定了各种材料类别的剖面符号，见表 4-1。

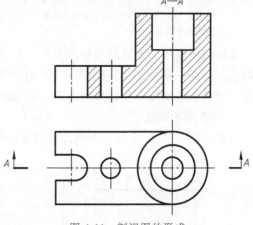

图 4-11　剖视图的形成

表 4-1　各种材料类别的剖面符号

金属材料(已有规定剖面符号者除外)		型砂、填砂、粉末冶金、砂轮、陶瓷刀片、硬质合金刀片等	
线圈绕组元件		玻璃及供观察用的其他透明材料	
转子、电枢、变压器和电抗器等的叠钢片		木材 纵断面	
非金属材料(已有规定剖面符号者除外)		横断面	

（续）

木质胶合板(不分层数)		砖	
基础周围的泥土		格网(筛网、过滤网等)	
混凝土		液体	
钢筋混凝土			

注：1. 剖面符号仅表示材料的类型，材料的名称和代号另行注明。

2. 叠钢片的剖面线方向，应与束装中叠钢片的方向一致。

3. 液面用细实线绘制。

在机械图样中，金属材料使用最多，其剖面符号采用平行细实线，特称为剖面线。绘制剖面线时，同一机械图样中的同一零件的剖面线应方向相同、间隔相等。剖面线的间隔应按剖面区域的大小确定。剖面线的方向一般与剖面区域的主要轮廓或对称线成45°角。

2. 剖视图的画法

下面以图4-12所示图形为例说明剖视图的画法。

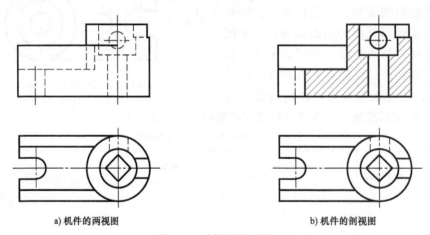

a) 机件的两视图　　　　　　　　　b) 机件的剖视图

图4-12　剖视图的画法

1）确定假想剖切面的位置。一般用平行或垂直于某一基本投影面的平面，沿机件内部孔、槽的对称面或轴线剖开机件。图4-12所示图形中剖切面的位置取平行于正面并通过阶梯圆柱通孔轴线的机件对称平面。

2）按形体分析法画出每一部分在剖切面上的外形轮廓及内孔形状，并画出剖切面后方可见部分的投影，即可得到所需的剖视图。用粗实线画出剖切面与机件相接触部分的轮廓，剖切后露出来的可见轮廓也用粗实线全部画出，如图4-12b中的主视图所示。

3）将剖切部分画上剖面符号，其他视图的完整性不受影响，如图4-12b中的俯视图仍完整画出。

在剖视图中，一般情况下尽量避免用虚线表示机件上不可见的结构，但未表达清楚的结构在必要时可以画出少量的虚线，如图 4-13 所示。

3. 剖视图的标注

为了便于看图，在画剖视图时，应将剖切位置、投射方向和剖视名称标注在相应的视图上。标注的内容有下列三项（图 4-11）：

（1）剖切符号　表示剖切面的位置。在剖切面的起、迄和转折处

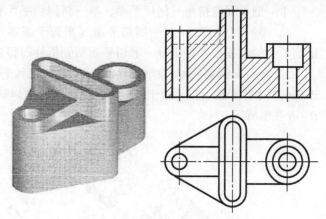

图 4-13　剖视图中虚线的应用

画上短的粗实线，线长约为 5mm，但尽可能不要与图形的轮廓线相交。

（2）箭头　表示剖切后的投射方向，画在剖切符号的两端。

（3）剖视图名称　在剖视图的上方用大写字母标出剖视图的名称"×—×"，并在剖切符号的一侧注上同样的字母。如果在同一张图上同时有几个剖视图，则其名称应按照字母顺序排列，不得重复。

在下列情况下，剖视图的标注内容可以简化或省略：

1）当剖视图按投影关系配置，中间又没有其他图形隔开时，可以省略箭头。

2）当剖切面与机件的对称平面完全重合，且剖切后的剖视图按照投影关系配置，中间又没有其他图形隔开时，可以省略标注，如图 4-12 所示。

4. 画剖视图时应注意的问题

1）剖切面一般应通过机件的对称平面或轴线，并要平行或垂直于某一投影面。

2）剖视图是在作图时假想把机件切开而得来的，实际的机件并没有缺少一部分，所以在一个视图上取剖视后，其他视图不受影响，仍按完整的机件画出。

3）剖切面后方的可见部分应全部画出，不能遗漏。

4）在剖视图上，对于已经表示清楚的结构，其虚线可以省略不画。

二、剖视图的种类

按剖切范围分类，剖视图可以分为全剖视图、半剖视图和局部剖视图三类。

1. 全剖视图

用剖切面把机件完全剖开，所得到的剖视图称为全剖视图。前述图 4-11、图 4-12、图 4-17 和图 4-18 所示为全剖视图。全剖视图的剖切面可以不限于一个平面，也可以由几个平面组成。

全剖视图主要用于内部结构复杂的不对称机件或外形简单的回转体零件。全剖视图的标注规则同前所述。

根据机件的结构特点，可选择以下剖切面：单一剖切面、几个平行的剖切面（阶梯剖）、几个相交的剖切面（旋转剖）和组合剖切面（组合剖）。

（1）用单一剖切面获得的全剖视图

单一剖切面包括单一剖切平面、单一斜剖切平面和单一剖切柱面。

1）单一剖切平面 单一剖切平面（平行于基本投影面）是画剖视图时最常用的一种。前面所述的剖视图都是用单一剖切平面剖开机件而得到的。

2）单一斜剖切平面 如图4-14所示，对于机件上倾斜部分的内部结构，可以采用不平行于任何基本投影面（应垂直于某一基本投影面）的斜剖切平面剖切，所画剖视图如图4-14中 $B—B$ 视图所示。

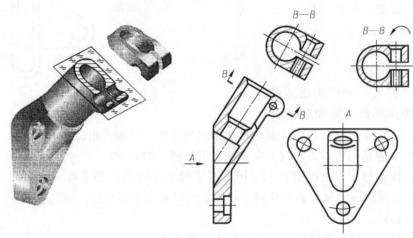

图 4-14 用单一斜剖切平面剖切图

用单一斜剖切平面剖切得到的剖视图最好配置在与基本视图的相应部分保持直接投影关系的部位，标出剖切位置及名称，并用箭头表示投射方向，在该剖视图上方用与表示剖切位置相同的字母标出剖视图的名称，如图4-14所示；也可以配置在其他位置，如图4-15所示；还可以把剖视图旋转放正，此时必须在剖视图上方标注出旋转符号和剖视图名称 "×—× ⌒" 或 "⌒×—×"，如图4-14和图4-15所示。

图4-15所示的汽车驻车制动器拉杆臂的 $A—A$ 剖视图是采用单一斜剖切平面剖切得到的。

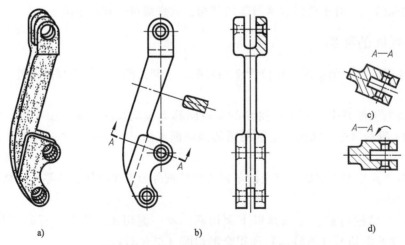

图 4-15 汽车驻车制动器拉杆臂的剖视图

3）单一剖切柱面　采用柱面剖切时，机件的剖视图按展开方式画出，如图 4-16 所示。

（2）用几个平行的剖切平面获得的全剖视图

如图 4-17 所示，机件上有较多不在同一平面内的内部结构时，可以用几个相互平行且与基本投影面平行的剖切面剖开机件，称为阶梯剖视，简称阶梯剖。

在画阶梯剖时，必须标出剖视图名称并标明剖切位置，在剖切面起、迄和转折处用相同的字母标出。但当转折处地方有限，又不致引起误解时，允许省略字母。

采用阶梯剖时，要注意下列几点：

1）在剖视图上，不应出现不完整要素（图 4-18a 中的主视图）。只有当两个要素在图形上具有公共对称中心线时，才允许各画一半，此时，应以中心线或轴线为界，如图 4-19 所示。

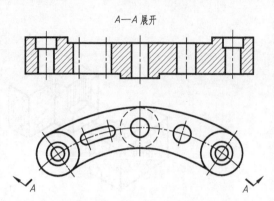

图 4-16　用单一剖切柱面剖切的剖视图

用几个平行的剖切面剖切机件

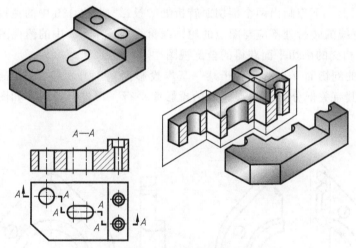

图 4-17　用几个平行的剖切面剖切机件

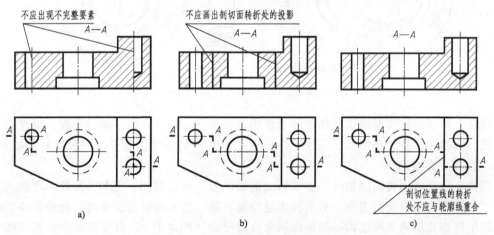

图 4-18　采用阶梯剖时要注意的几点

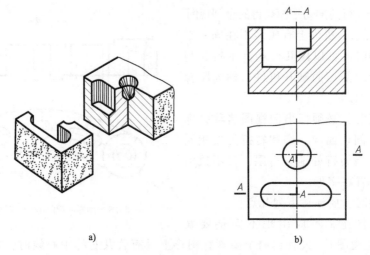

图 4-19   采用阶梯剖表达的特例

2）在剖视图上，不应画出两个剖切面转折处的投影（图 4-18b 中的主视图）。

3）剖切位置线的转折处不应与图上的轮廓线重合（图 4-18c 中的俯视图）。

（3）用几个相交的剖切平面获得的全剖视图

用两个相交的剖切面（交线垂直于某一基本投影面）剖开机件，并将被倾斜平面剖切到的结构要素及其有关部分旋转到与选定的投影面平行，再进行投射，如图 4-20 所示法兰盘剖视图。

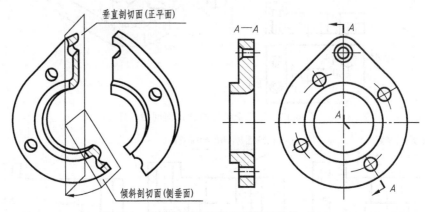

图 4-20   用两个相交的剖切面剖切机件（一）

用几个相交的剖切面剖切机件常用于表达盘类零件，如凸缘盘、轴承压盖、带轮等，以表示孔、槽的形状和分布情形。当该零件具有一个回转中心时，也可以用于非回转面零件，如图 4-21 所示的摇杆。

用几个相交的剖切面剖切时，必须标出剖切位置，在它的起、迄和转折处，用相同字母标出，并用箭头指明投射方向。但当转折处位置有限，又不致引起误解时，允许省略字母。

位于剖切面后的其他结构一般仍按原来位置投射（图 4-21）。当剖切后产生不完整要素时，应将此部分按不剖绘制，如图 4-22 中的臂。

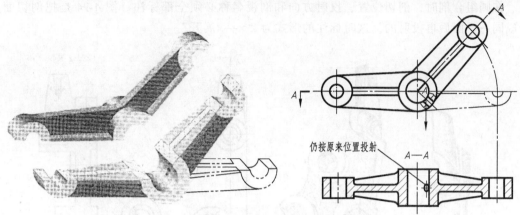

仍按原来位置投射

A—A

图 4-21　用两个相交的剖切面剖切机件（二）

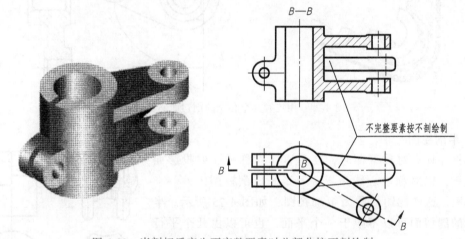

B—B

不完整要素按不剖绘制

图 4-22　当剖切后产生不完整要素时此部分按不剖绘制

（4）用组合剖切面获得的全剖视图

在以上各种方法都不能简单而又集中地表达出机件的内部结构时，可以把它们结合起来应用，这样得到的图形称为组合剖视（图 4-23）。

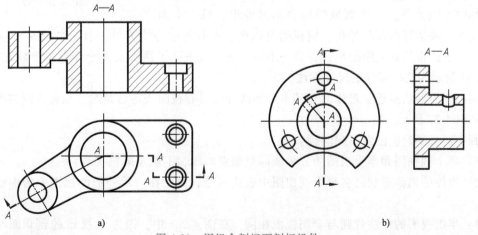

A—A

a)

A—A

b)

图 4-23　用组合剖切面剖切机件

在画组合剖时，剖切位置、投射方向和剖视名称必须全部标注。图 4-24 是把剖切面展开成同一平面后再投射的，这时标注的形式为"×—×展开"。

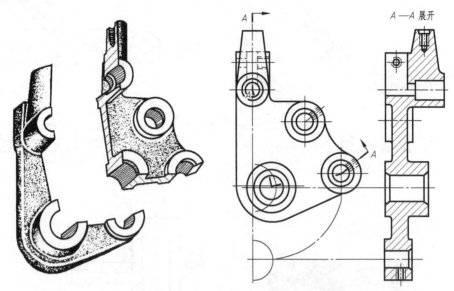

图 4-24 用连续几个相交的剖切面剖切机件

2. 半剖视图

当机件具有对称平面时，在垂直于对称平面的投影面上的投影，以对称中心线为界，一半画成剖视图，另一半画成视图，这样的图形称为半剖视图，如图 4-25 所示。半剖视图的剖切面可以不限于一个平面，也可以由几个平行的平面组成。

半剖视图主要适用于内、外部形状都需要表达的对称机件，图 4-26 所示为支座零件的半剖视图表达。图 4-26a 所示为支座零件的主视图和俯视图。图 4-26b 所示为支座零件的半剖视立体模型。图 4-26c 所示支座的主视图，是以左、右对称中心线为界，一半画成视图表达其外形，另一半画

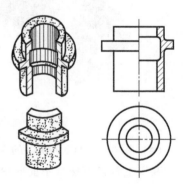

图 4-25 汽车牵引钩弹簧
衬套的半剖视图

成剖视图，表达其内部阶梯孔；俯视图是以前、后对称中心线为界，前一半画成 A—A 剖视图，表达了凸台及其上面的小孔，后一半画成视图，表达了顶板及 4 个小孔的形状和位置。图 4-26d 所示为支座零件的尺寸标注。

当机件的形状接近于对称，且其不对称部分已另有视图表达清楚时，也允许画成半剖视图，如图 4-27 所示。

画半剖视图时应注意下列问题：

1）半个剖视图和半个视图的分界线应是细点画线，不能画成粗实线。

2）机件的内部形状已在半个剖视图中表达清楚，因此在表示外形的视图中的虚线不必画出。

3）半剖视图的标注规则与全剖视图相同。在图 4-26c 中，因为主视图的剖切面与支座

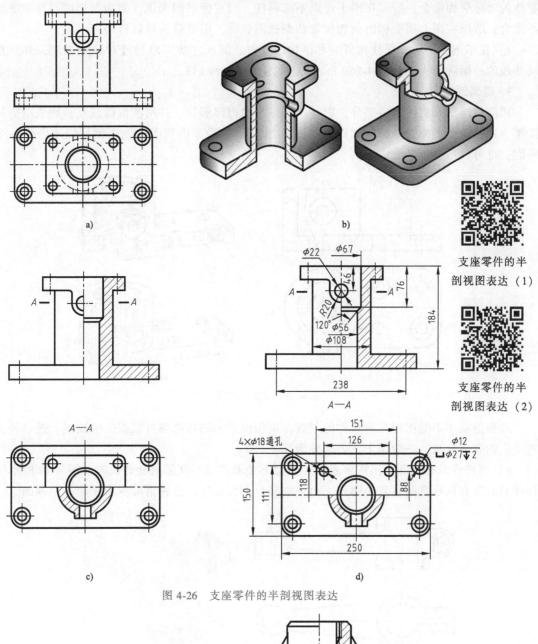

支座零件的半
剖视图表达（1）

支座零件的半
剖视图表达（2）

图 4-26　支座零件的半剖视图表达

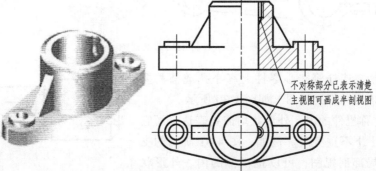

不对称部分已表示清楚
主视图可画成半剖视图

图 4-27　接近于对称结构零件的半剖视图

零件的对称平面重合，所以在图上可以不必标注。而对俯视图来说，因为剖切面与对称平面不重合，所以在图上需要标出剖切位置和剖视图名称，但是箭头可以省略。

4）在半剖视图中，标注机件对称结构尺寸时，其尺寸线应略超过对称中心线，并只在尺寸线的一端画箭头，如图4-26d所示的尺寸数字88和118。

3. 局部剖视图

用剖切面剖开机件的一部分，以显示这部分的内部形状，并用波浪线或双折线表示剖切范围，这样的图形称为局部剖视图，如图4-28所示。局部剖视图的剖切面可以不限于一个平面，也可以由几个平面组成。

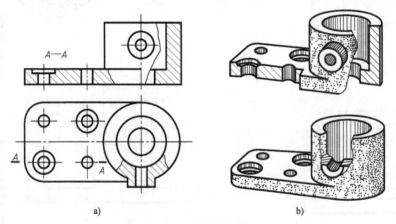

a)   b)

图4-28　局部剖视图

局部剖视图不受图形是否对称的限制，剖切位置和剖切范围可根据需要决定，是一种比较灵活的表示方法，一般用于下列四种情况：

1）当机件只有局部内形需要表达，因而不必采用或不宜采用全剖视时。图4-29所示的杆件只有左右两端有圆孔和小螺孔，而中间部分为实心杆，这种情况应采用局部剖视图。

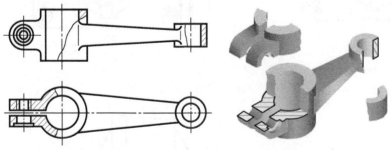

图4-29　杆件的局部剖视图

当轴、手柄、连杆等实心零件上有小孔或槽需要表示时，也应该用局部剖视图，如图4-30所示。

2）当不对称机件的内、外形状均需要表达，而它们的投影基本上下不重叠时。例如，图4-31所示的支座零件，采用局部剖视图，可以把机件的内、外形状都表达清楚。

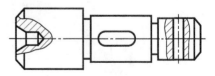

图4-30　用局部剖视图表示
实心零件上的孔或槽

3）当对称机件的轮廓线与对称中心线重合，不能采用半剖视图时，可采用局部剖视图，如图 4-32 所示。

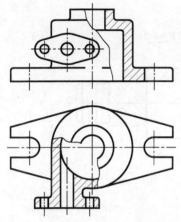

图 4-31　用局部剖视图表达复杂零件

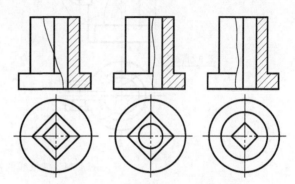

图 4-32　不宜采用半剖视图的对称机件

4）必要时，允许在剖视图中，再作一次简单的局部剖视图，这时两者的剖面线应同方向、同间隔，但要相互错开，如图 4-33 所示。

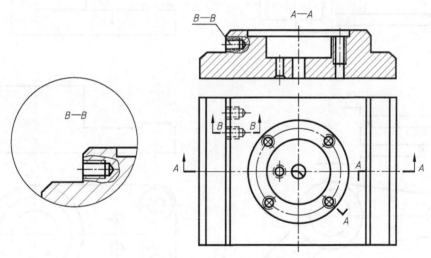

图 4-33　在剖视图上作局部剖视图

对于剖切位置明显的局部剖视图，一般都不必标注，如图 4-29～图 4-32 所示。若剖切位置不够明显，则应进行标注，如图 4-28 中的 *A—A* 局部剖视图和图 4-33 中的 *B—B* 局部剖视图。

在画局部剖视图时，要注意下列两点：

1）局部剖视图是一种比较灵活的表达方法，运用得当，可使图形简明、清晰。但在同一个视图中，局部剖视的数量不宜过多，否则会使图形过于破碎，反而对看图不利。

2）在局部剖视图中，剖视图部分与视图部分之间用波浪线或双折线分界，波浪线或双折线应画在机件的实体部分，若遇孔、槽等中空结构应断开，也不能超出视图中的轮廓线，如图 4-34a 所示。波浪线不能与视图中的其他图线重合，也不能画在其延长线上，

如图 4-34b 所示。

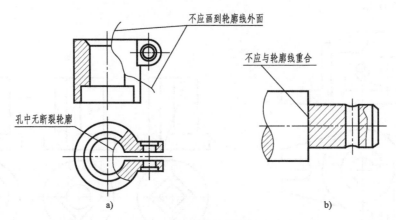

图 4-34 波浪线的错误画法

任务实施：采用适当的剖视方法将图 4-35a、b 所示的主视图绘制成全剖视图。

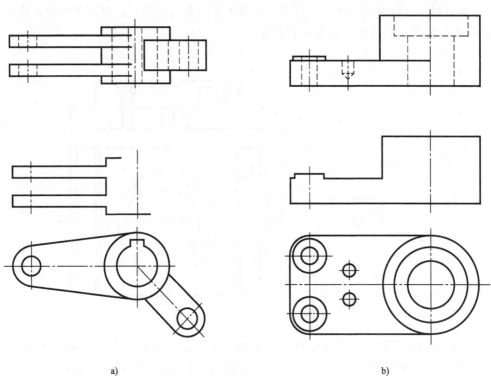

图 4-35 绘制全剖视图

4.3 断面图

任务描述：图 4-36a 所示的轴，当用剖切面剖切该轴上的键槽后，所绘制的两个不同的图形（图 4-36b、图 4-36c），哪一个更恰当、简明地表达了键槽的结构形状？

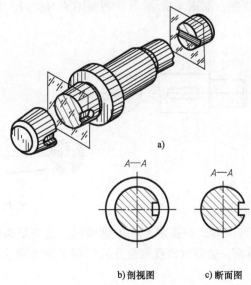

剖切轴的不同画法比较

b) 剖视图   c) 断面图

图 4-36 剖切轴的不同画法比较

任务分析：图 4-36b 所示为键槽的剖视图，图 4-36c 所示为仅画出了键槽断面的断面图。用断面图来表达机件键槽部分断面结构形状，目的明确、画图简便、表达清晰，与图 4-36b 所示的剖视图相比，表达效果更佳。断面图在汽车的轴类、连杆类和叉类零件中应用较多。

知识准备：

一、断面图基本知识

假想用一个剖切面将机件的某处切断，只画出断面的真实形状，并画上剖面符号，这种图称为断面图，如图 4-37 所示。

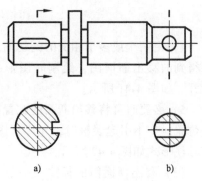

断面图与剖视图是两种不同的表达方法，两者虽然都是先假想剖开机件再投射，但是剖视图不仅要画出被剖切面切到的部分，一般还应画出剖切面后的可见部分；而断面图则仅画出被剖切面切断的断面形状。断面图常用来表示机件上某一局部的断面形状，如汽车轴类零件上的键槽和孔等。

图 4-37 断面图的画法

二、断面图种类

根据断面图在绘制时所配置的位置的不同，断面图可分为移出断面图和重合断面图两种。

1. 移出断面图

画在视图之外的断面图称为移出断面图。

（1）移出断面图的画法

1）移出断面图的轮廓线用粗实线绘制，如图 4-37 所示。

2）移出断面图应尽量配置在剖切符号或剖切面迹线的延长线上，如图 4-37 所示。必要

时，也可配置在其他适当位置，如图 4-38 所示。断面图形对称时，也可画在视图的中断处，如图 4-39 所示。

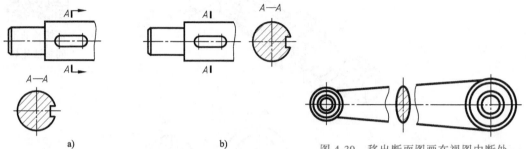

图 4-38　移出断面图配置

图 4-39　移出断面图画在视图中断处

3）当剖切面通过由回转面形成的孔或凹坑的轴线时，这些结构按剖视绘制，如图 4-40a 所示。当剖切面通过非回转面，会导致出现完全分离的两个断面时，这些结构也按剖视绘制，如图 4-40b 所示。

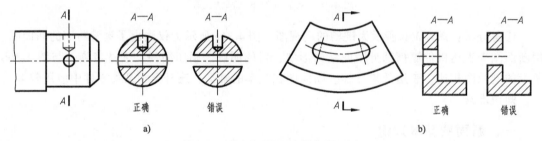

图 4-40　按剖视画法绘制的断面图

4）由两个或多个相交的剖切面剖切机件而得到的移出断面图，绘制时图形的中间应断开，如图 4-41 所示。

5）必要时可将移出断面图配置在其他适当位置。在不引起误解时，允许将图形旋转，其标注形式如图 4-42 所示。

（2）移出断面图的标注　一般用剖切符号表示剖切位置，用箭头指明投射方向，并注上字母。在断面图上方，用同样的字母标出断面图的名称"×—×"（×为大写拉丁字母），如图 4-38 所示。

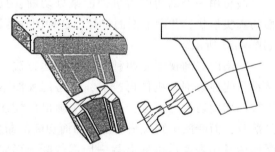

图 4-41　由两个或多个相交的剖切面剖切机件而得到的移出断面图

移出断面图的标注形式，按国家标准规定，因其图形配置部位的不同及图形是否对称，标注形式也不同，具体标注方法见表 4-2。

（3）识读移出断面图　图 4-43 所示为移出断面图的配置与标注综合示例。该轴采用了 4 个移出断面图，左侧第一个断面图因图形对称，且配置在剖切线延长线上，所以不必标注；A—A 图形对称，且未配置在剖切符号延长线上，所以不必标注箭头；B—B 图形不对称，且既未配置在剖切符号延长线上，也未按投影关系配置，所以按规定进行标注；C—C 图形对称，且按投影关系配置，所以不必标注箭头。

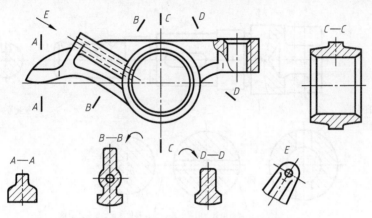

图 4-42　配置在适当位置的移出断面图

表 4-2　移出断面图的配置与标注方法

断面 对称性	配置	断面图的配置与标注的关系		
		配置在剖切线或剖切符号的延长线上	移位配置	按投影关系配置
断面图的对称性与标注的关系	对称			
	说明	配置在剖切线延长线上的对称图形不必标注剖切符号和字母	移位配置的对称图形不必标注箭头	按投影关系配置的对称图形不必标注箭头
	不对称			
	说明	配置在剖切符号延长线上的不对称图形不必标注字母	移位配置的不对称图形，完整标注剖切符号、箭头和字母	按投影关系配置的不对称图形不必标注箭头

2. 重合断面图

画在视图之内的断面图称为重合断面图，如图 4-44 所示。

（1）重合断面图的画法

1）重合断面图的轮廓线用细实线绘制。

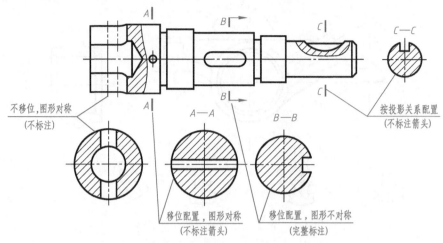

图 4-43　移出断面图的配置与标注综合示例

2）当视图中的轮廓线与重合断面图的图形重合时，视图中的轮廓线仍应连续画出，不可间断，如图 4-44 所示。

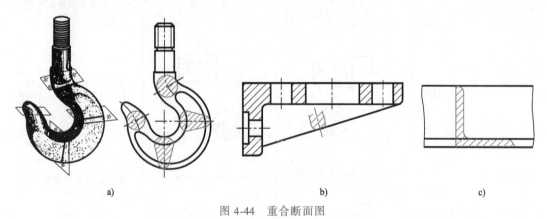

a)　　　　　　　　　　　　　　　b)　　　　　　　　　　　　　　c)

图 4-44　重合断面图

（2）重合断面图的标注　重合断面图不对称时，须画出剖切符号及投射方向，可不标字母，如图 4-44c 所示；当重合断面图对称时，可不加任何标注，如图 4-44a、b 所示。

任务实施：画出图 4-45 中指定位置的断面图。

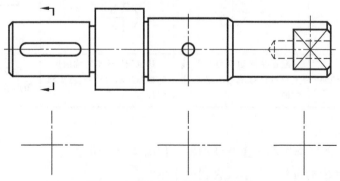

图 4-45　画出指定位置的断面图

4.4　局部放大图、规定画法和简化画法

任务描述：如图 4-46 所示，发动机排气门中的细小结构在主视图中没有表达清楚，应如何表达？

任务分析：为了画图简便和看图清晰，国家标准规定了局部放大图的画法、规定画法和简化表示法。

知识准备：

一、局部放大图

当机件上的某些细小结构在原图上表达不清楚或不便于标注尺寸时，可以将这些结构用大于原图形所采用的比例单独画出，这种用大于原图比例画出的图形称为局部放大图，如图 4-47 所示。

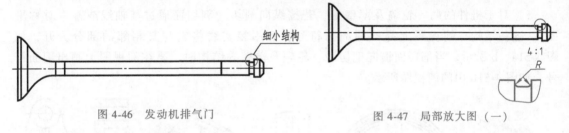

图 4-46　发动机排气门

图 4-47　局部放大图（一）

画局部放大图时应注意以下几点。

1）局部放大图可画成视图、剖视图或断面图，与原图上被放大部分的表达方式无关。局部放大图应尽量配置在被放大部位的附近，并用波浪线画出被放大部分的范围，如图 4-48 所示。

2）画局部放大图时，除螺纹牙型、齿轮和链轮的齿形外，应在原图上将被放大部分用细实线圈出。当机件上仅有一处被放大时，只需在局部放大图的上方注明所采用的放大比例，如图 4-47 所示；当在同一机件上有几处被放大时，须用罗马数字依次标明被放大部位，并在局部放大图的上方标注出相应的罗马数字及所采用的比例，予以区别，如图 4-48 所示。

3）同一机件上不同部位的局部放大图，当其图形相同或对称时，只需画出其中的一个，并在几个被放大的部位标注出同一罗马数字，如图 4-49 所示。

4）必要时可用几个视图表达同一个被放大部位的结构，如图 4-50 所示。

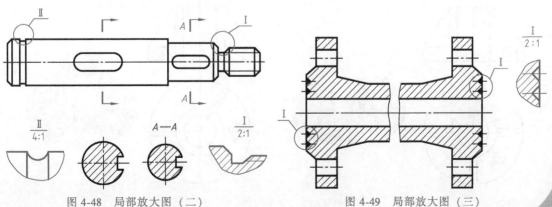

图 4-48　局部放大图（二）

图 4-49　局部放大图（三）

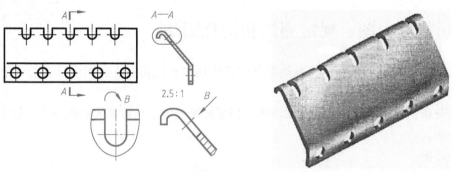

图 4-50　多个图形表达同一个被放大结构

二、规定画法

国家标准中还规定了一些简化画法、规定画法和其他表示方法。现简要介绍如下：

1）对于机件的肋、轮辐及薄壁等，若按纵向剖切（剖切面通过其轴线或基本对称平面），这些结构在剖视图上都不画剖面符号，而用粗实线将它与其相邻的部分分开，如图 4-51a、b 所示。当剖切面横向剖切肋、轮辐及薄壁等结构时，要在剖视图上画出剖面符号，如图 4-51b 中的俯视图所示。

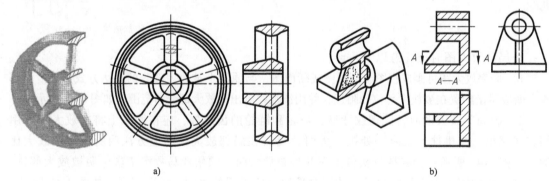

a)　　　　　　　　　　　　　　　　　　　　　　　b)

图 4-51　机件的肋、轮辐及薄壁的规定画法

2）回转体上均匀分布的肋、孔、轮辐等结构在剖视图中的画法。当机件回转体上均匀分布的肋、孔、轮辐等结构不处于剖切面上时，可将这些结构旋转到剖切面上画出，如图 4-52 所示。

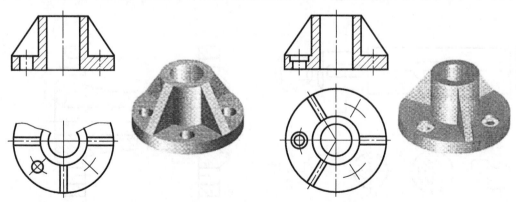

图 4-52　机件回转体上均匀分布的肋、孔、轮辐的规定画法

3）在剖视图的剖面区域中可再作一次局部剖视图，两者剖面线应同方向、同间隔，但要互相错开，并用引出线标注局部剖视图的名称，如图 4-53 所示。

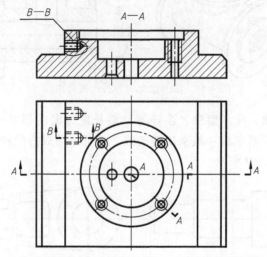

图 4-53　在剖视图的剖面区域中再作一次局部剖视图的规定画法

三、简化画法

1）当机件上具有若干相同结构（如齿、槽等），并按一定规律分布时，只需画出几个完整的结构，其余用细实线连接，但需在图中注明该结构的总数，如图 4-54 所示。

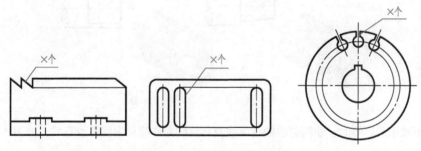

图 4-54　相同结构的简化画法

2）若干直径相同并按规律分布的孔、管道等，可以仅画出一个或几个，其余只需表明其中心位置，如图 4-55 所示。

3）圆盘形法兰和类似结构上按圆周均匀分布的孔，可按图 4-56 所示的方式表达。

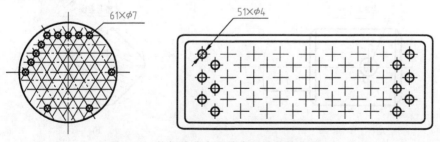

图 4-55　按规律分布的等直径孔的简化画法

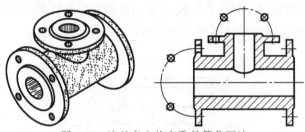

图 4-56　法兰盘上均布孔的简化画法

4）较长的机件（轴、杆、型材、连杆等）沿长度方向的形状一致或按一定规律变化时，可断开后缩短绘制，折断线一般采用波浪线，也可以用双折线和双点画线，但必须按实际长度标注尺寸，如图 4-57 所示。

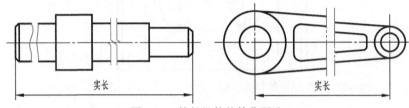

图 4-57　较长机件的简化画法

5）机件上的小平面在图形中不能充分表达时，可用平面符号（相交的两条细实线）表示，如图 4-58 所示。

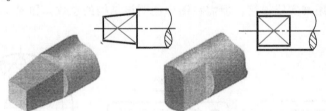

图 4-58　机件上小平面的简化画法

6）在不致引起误解时，非圆曲线的过渡线及相贯线允许简化为圆弧或直线，如图 4-59 所示。

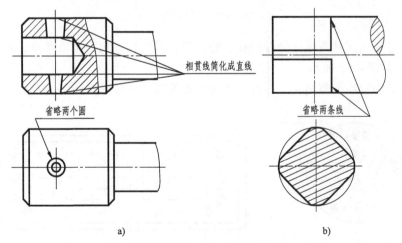

a)　　　　　　　　　　　　　　　b)

图 4-59　机件上相贯线的简化画法

7）与投影面倾斜角度等于或小于 30°的圆或圆弧，其投影可用圆或圆弧代替，如图 4-60 所示。

任务实施：用简化画法绘制图 4-61 所示机件主视图的全剖视图。

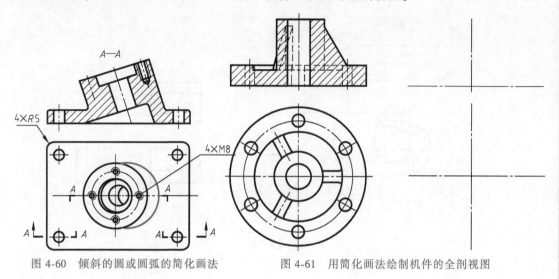

图 4-60　倾斜的圆或圆弧的简化画法　　　　图 4-61　用简化画法绘制机件的全剖视图

4.5　第三角画法简介

任务描述：图 4-62a、b 所示的同一机件的两组三视图有何区别？

任务分析：目前，在国际上使用的有两种投影制，即第一角投影（又称第一角画法）和第三角投影（又称第三角画法）。在表达机件结构中，第一角画法和第三角画法同等有效。图 4-62a 所示为第一角画法所得视图，图 4-62b 所示为第三角画法所得视图。

知识准备：

一、第三角画法视图的形成

3 个互相垂直的投影面 V、H、W 将空间分成 8 个分角 Ⅰ、Ⅱ、…、Ⅶ、Ⅷ，如图 4-63 所示。

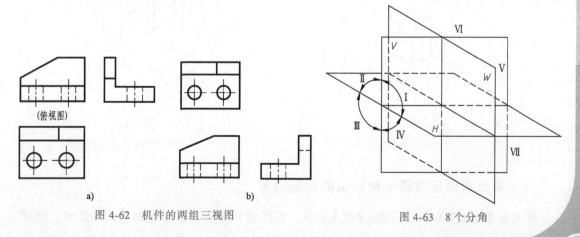

图 4-62　机件的两组三视图　　　　　　　　图 4-63　8 个分角

我国一般采用第一角画法，是将组合体放在第一分角内向投影面投射。而第三角画法则是将组合体放在第三分角内进行投射。此时，投影面位于观察者与组合体之间，假想投影面是透明的，就得到了第三角投影，如图 4-64 所示。

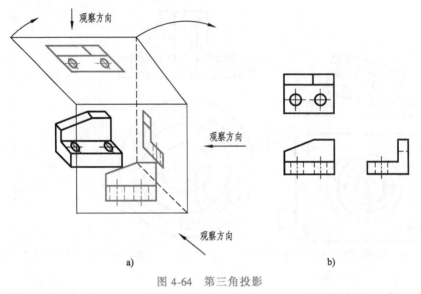

图 4-64　第三角投影

二、第三角画法与第一角画法的区别

在第三角画法与第一角画法中，观察者、组合体和投影面的相对位置不同。

第一角画法：观察者→组合体→投影面，如图 4-65 所示。

第三角画法：观察者→投影面→组合体，如图 4-66 所示。

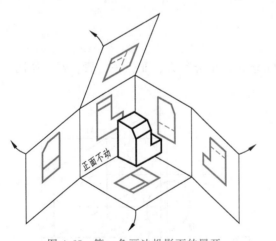

图 4-65　第一角画法投影面的展开

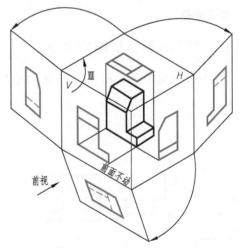

图 4-66　第三角画法投影面的展开

三、第三角画法与第一角画法的识别符号

国家标准 GB/T 14692—2008《技术制图　投影法》中规定，采用第三角画法时，必须

在图样中画出第三角投影的识别符号，而在采用第一角画法时，若有必要也可画出第一角投影的识别符号。两种投影的识别符号如图 4-67 所示。

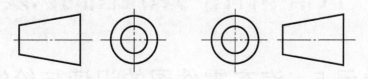

a)第一角投影识别符号　　　b)第三角投影识别符号

图 4-67　两种投影的识别符号

作　业

完成"学习工作页"单元 4 测试题和技能训练。

模块2 汽车零件图与装配图的识读与绘制

单元5 汽车零件图的识读与绘制

学习目标

1) 理解汽车零件图的内容和作用。
2) 汽车标准件、常用件的规定画法。
3) 掌握典型汽车零件的表达方案和尺寸标注。
4) 识读汽车零件的常用结构工艺。
5) 进行合理的技术要求标注。
6) 识读汽车零件图。

知识结构图

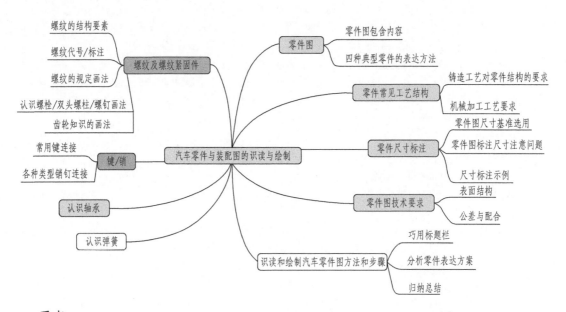

重点：
1. 掌握四种典型零件的表达方案和尺寸标注。
2. 掌握零件的常见加工工艺结构和铸造工艺结构。
3. 掌握零件图的尺寸公差、几何公差和表面结构标注的含义。

难点：

正确识读汽车零件图。

5.1　零件图

任务描述：任何机器（或部件）都是由若干零件组成的。机器（或部件）的设计，首先根据机器工作原理绘制装配草图，然后根据装配草图整理成装配图，再根据装配图绘制零件图，制造时，先按零件图生产出全部零件，再按装配图将零件装配成部件或机器。所以，零件图是零件生产和检验的重要依据，是设计和生产部门重要的技术文件。零件图是汽车制造、维修过程中进行零部件的生产、检验及沟通和交流的重要技术资料。

任务分析：减速器是汽车传动系统中的重要部件，其由输入轴、输出轴、齿轮、螺栓和键等零件组成，如图 5-1 所示。本任务主要通过认识减速器部件，熟读输出轴零件图，认识螺纹、齿轮、键和轴承等标准件、常用件的画法。

减速器

图 5-1　减速器

知识准备：汽车零件图是零件生产和检验的重要依据，是设计和生产部门重要的技术文件。它不仅反映了设计者的设计意图，而且表达了零件的各种技术要求。工艺部门根据零件图进行毛坯制造、工艺设计等。

一张完整的汽车零件图一般应包括一组视图、完整尺寸、技术要求和标题栏。

一、一组视图

在零件图中须用一组视图来表达零件的形状和结构，根据零件的结构特点，选择适当的视图、剖视图、断面图、局部放大图等表达方法，用简明的方法将零件的形状、结构表达清楚。

二、完整尺寸

零件图上的尺寸不仅要标注完整、清晰、正确，而且要标得合理，能够满足设计意图，宜于制造生产，便于检验。

三、技术要求

零件图上的技术要求包括表面粗糙度、尺寸公差、几何公差、表面处理、检验要求等。零件完工后要满足这些要求才算是合格产品。技术要求既不能太高，也不能太低，否则会增加成本或成为不合格产品。在满足产品对零件性能要求的前提下，技术要求应既经济又合理。

四、标题栏

对于标题栏的格式，GB/T 10609.1—2008《技术制图 标题栏》已进行了统一规定，本书单元 1 也进行了介绍，应尽可能采用标准的标题栏格式。

标题栏中的零件名称要精练，如"轴""齿轮"等，不必体现零件在机器中的具体作用。零件材料要用规定的牌号表示，不得用自编的文字或代号表示。图 5-2 所示为减速器输出轴的零件图。

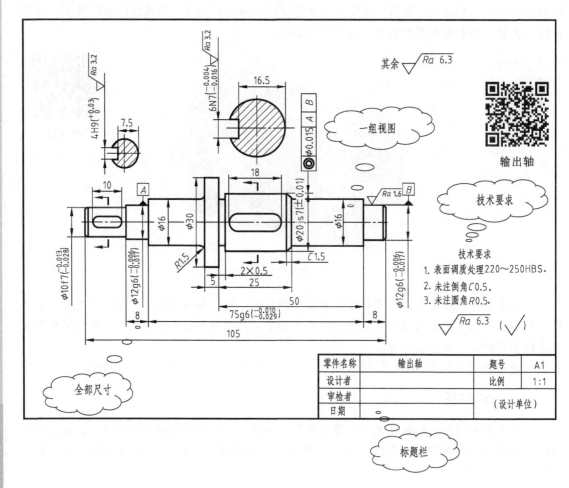

图 5-2　减速器输出轴零件图

任务实施： 图 5-3 所示为端盖零件图和立体图，指出此零件图包括哪些内容，技术要求指的是哪些？

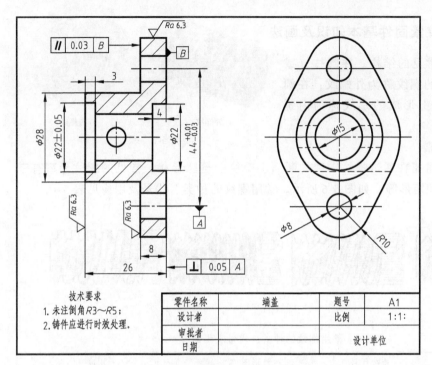

零件名称	端盖	题号	A1
设计者		比例	1:1:
审批者			设计单位
日期			

技术要求
1. 未注倒角 $R3 \sim R5$；
2. 铸件应进行时效处理.

a) 零件图   b) 立体图

图 5-3 端盖零件图和立体图

5.2 螺纹及螺纹紧固件

任务描述：汽车标准件、常用件是汽车的重要零件。用量很大的零件如螺栓、螺母、螺钉、垫圈、键等，为了便于成批或大量生产，有关部门对这类零件的结构和尺寸等做了规定，成为标准化、系列化的零件。

图 5-4 所示零件是工业上常用的标准件，如何正确表达这些零件及装配状态？

图 5-4 常用标准件

任务分析：汽车常用零件、标准件规定画法，包含螺纹、齿轮和轴承等的规定画法、标注方法，螺纹紧固件的规定标记，螺纹紧固件的联接画法。

知识准备：

一、螺纹及螺纹紧固件基本知识及画法

螺纹是零件上最常见的结构。在圆柱（或圆锥）外表面上形成的螺纹称为外螺纹；在圆柱（或圆锥）内表面上形成的螺纹称为内螺纹，如图 5-5 所示。

a)外螺纹   a)内螺纹

图 5-5   螺纹

1. 螺纹的结构要素

（1）牙型   牙型是指在通过螺纹轴线的断面上螺纹的轮廓形状。常见的螺纹牙型有三角形、梯形、锯齿形和矩形等，如图 5-6 所示。常用螺纹的种类、代号及用途见表 5-1。

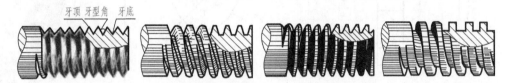

图 5-6   螺纹的牙型

表 5-1   常用螺纹的种类、代号及用途

螺纹种类		特征代号	外形图	用途
联接螺纹	普通螺纹　粗牙	M		最常用的螺纹
	普通螺纹　细牙			用于细小的精密或薄壁零件
	55°非密封管螺纹	G		用于水管、油管、气管等薄壁管子上；用于管路的联接
传动螺纹	梯形螺纹	Tr		用于机床丝杠，传递运动及动力
	锯齿形螺纹	B		只能传递单方向的动力

（2）直径   螺纹的直径有大径、中径、小径之分，如图 5-7 所示。

1）大径 d、D。与外螺纹牙顶或内螺纹牙底相切的假想的圆柱或圆锥直径称为螺纹的大径。外螺纹和内螺纹的大径分别用 d 和 D 表示。大径又称为螺纹公称直径。

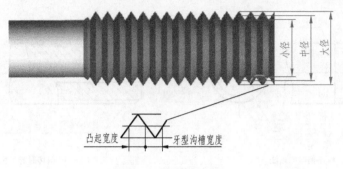

图 5-7　螺纹的直径

2）小径 d_1、D_1。与外螺纹牙底或内螺纹牙顶相切的假想圆柱或圆锥的直径称为螺纹的小径，外螺纹和内螺纹的小径分别用 d_1、D_1 表示。

3）中径 d_2、D_2。中径是通过牙型上凸起和沟槽宽度相等的一个假想圆柱或圆锥的直径，外螺纹和内螺纹的中径分别用 d_2、D_2 表示。

（3）线数 n　形成螺纹时所沿螺旋线的条数称为螺纹的线数。沿一条螺旋线形成的螺纹称为单线螺纹，沿一条以上的轴向等距螺旋线形成的螺纹称为多线螺纹，如图 5-8 所示。

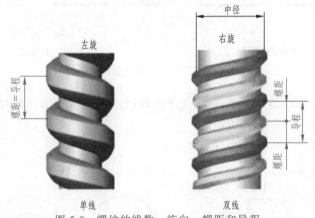

图 5-8　螺纹的线数、旋向、螺距和导程

（4）螺距 P 和导程 Ph　相邻两牙在中径线上的同侧距离称为螺距，用 P 表示。同一螺旋线上相邻两牙在中径线上对应两点间的轴向距离称为导程，用 Ph 表示。它们的关系为 $Ph = nP$。显然，单线螺纹的导程与螺距相等。

（5）旋向　螺纹有右旋和左旋之分。沿轴线方向看，顺时针旋转时旋入的螺纹为右旋螺纹，逆时针旋转时旋入的螺纹为左旋螺纹。判别螺纹的旋向可采用图 5-8 所示的简单方法，即面对轴线竖直的外螺纹，螺纹自左向右上升的为右旋，反之为左旋。常见螺纹为右旋螺纹。

2. 螺纹的规定画法

国家标准规定，螺纹的牙顶用粗实线表示，牙底用细实线表示。在垂直于螺纹轴线的视图中，表示牙底的细实线圆只画约 3/4 圈，此时螺纹上的倒角圆省略不画。在绘图时，大、小径之间可按 $d_1(D_1) = 0.85d(D)$ 的关系画出，螺纹终止线画粗实线。在剖视图或断面图中，剖面线必须画至粗实线处。

外螺纹的规定画法如图 5-9 所示。

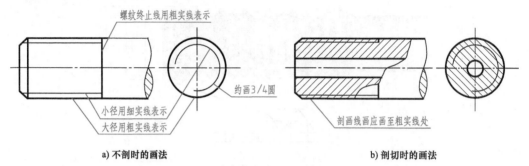

a) 不剖时的画法　　　　　　　　　　b) 剖切时的画法

图 5-9　外螺纹的规定画法

内螺纹的规定画法如图 5-10 所示。

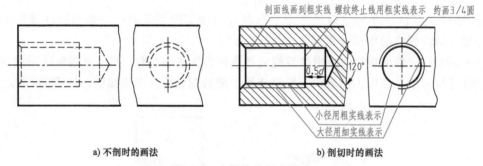

a) 不剖时的画法　　　　　　　　b) 剖切时的画法

图 5-10　内螺纹的规定画法

对于不穿通的螺孔，钻孔与螺纹孔应分别画出，钻孔深度应比螺纹孔深度约大 $0.5d$，并且钻孔底部应画出 120°的锥顶角。

内、外螺纹联接的画法如图 5-11 所示。

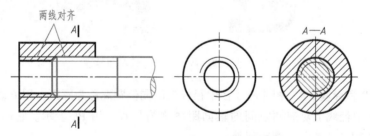

图 5-11　内、外螺纹联接的画法

内、外螺纹联接常用剖视图表示，其旋合部分按外螺纹画法表示，其余部分仍按各自的画法表示。画螺纹联接图时，表示大、小径的粗、细实线应分别对齐，与倒角的大小无关。

3. 螺纹紧固件的标记和规定画法

（1）螺纹紧固件的种类和标记　常用的螺纹紧固件有螺栓、螺钉、螺柱、螺母和垫圈等。这些零件均已标准化，它们各部分的结构和尺寸都可以从有关标准中查出。螺纹紧固件通常是由专业工厂成批生产的，不单独制造，使用时可直接按规格购买。因此，熟悉常用螺纹紧固件的结构型式及标记是很重要的。

螺纹紧固件标记的一般格式：

| 名称 | 标准编号 | 螺纹规格×公称长度 | 性能等级 |

例如，GB/T 5782　M12×80 表示螺纹规格 d=M12、公称长度 l=80mm、性能等级为 8.8 级、表面氧化、产品等级为 A 级的六角头螺栓。

（2）螺纹紧固件的规定画法　在画图时，螺纹紧固件各部分的尺寸可从标准中直接查出，这种查表获得尺寸画图的方法称为查表画法。另一种是以标记的公称直径为依据，其他各部分尺寸均按近似比例画出，这种画法称为比例画法。常用螺纹紧固件的比例画法如图 5-12 所示。

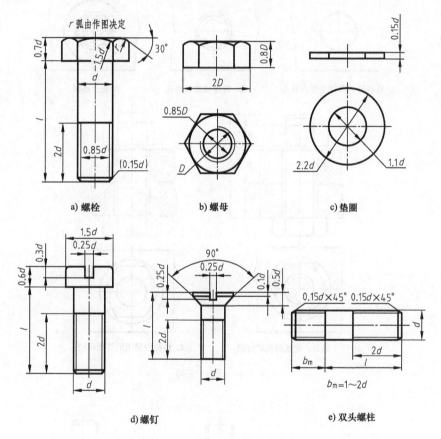

图 5-12　螺纹紧固件的比例画法

4. 螺纹紧固件联接图的画法

常见的螺纹紧固件联接有螺栓联接、双头螺柱联接、螺钉联接 3 种。

（1）螺栓联接　螺栓联接适用于厚度不大能钻成通孔的零件间的联接，如图 5-13 所示。被联接的两个零件上均钻有通孔，将螺栓穿过被联接两个零件上的通孔，然后套上垫圈，再用螺母拧紧。

（2）双头螺柱联接　双头螺柱两头都有螺纹，当被联接的零件之一比较厚，不便加工成通孔时，可采用双头螺柱联接。将双头螺柱的一端（旋入端）旋入螺孔，另一端（紧固端）套上垫圈，然后拧紧螺母，如图 5-14 所示。

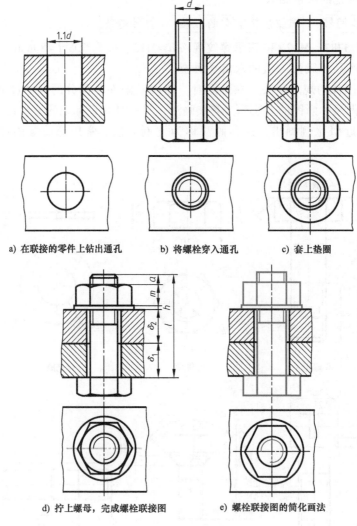

a) 在联接的零件上钻出通孔   b) 将螺栓穿入通孔   c) 套上垫圈

d) 拧上螺母，完成螺栓联接图   e) 螺栓联接图的简化画法

图 5-13　螺栓联接

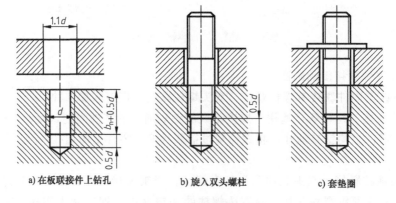

a) 在板联接件上钻孔   b) 旋入双头螺柱   c) 套垫圈

图 5-14　双头螺柱联接

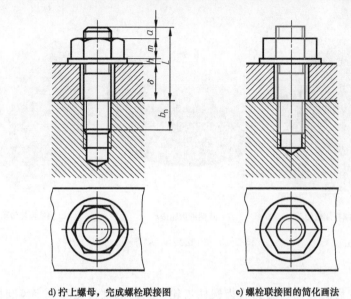

d) 拧上螺母，完成螺栓联接图　　　　　e) 螺栓联接图的简化画法

图 5-14　双头螺柱联接（续）

（3）螺钉联接　螺钉联接主要应用在受力不大的场合。被联接的下部零件做成螺孔，上部零件做成通孔，如图 5-15 所示。

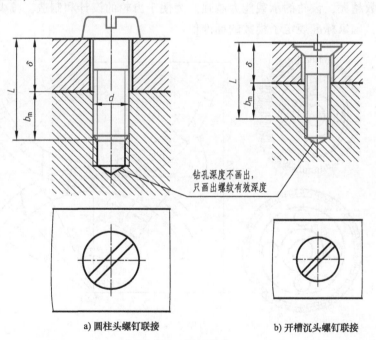

钻孔深度不画出，只画出螺纹有效深度

a) 圆柱头螺钉联接　　　　　　　b) 开槽沉头螺钉联接

图 5-15　螺钉联接

二、齿轮的基本知识及画法

齿轮是机器设备中应用十分广泛的传动零件，用来传递运动和动力，改变轴的旋向和转速，如图 5-16 所示。

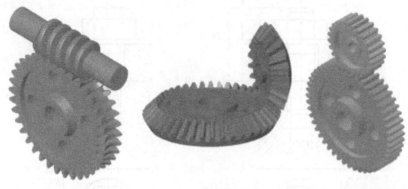

a) 蜗杆蜗轮传动　　　　b) 圆锥齿轮传动　　　　c) 圆柱齿轮传动

图 5-16　齿轮传动形式

1. 圆柱齿轮

圆柱齿轮按其轮齿的方向可分为直齿圆柱齿轮、斜齿圆柱齿轮和人字齿圆柱齿轮，本节主要介绍直齿圆柱齿轮。

（1）直齿圆柱齿轮的各部分名称及计算公式　齿轮的各部分名称如图 5-17 所示。齿轮模数 m 为齿距 p 与 π 的比值，即 $m=p/\pi$，其单位是 mm。模数是齿轮几何参数计算的基础，一般说来，模数越大，齿轮的承载能力越强。为便于齿轮的设计和制造，减少齿轮成形刀具的规格和数量，国家标准规定了模数的标准值。

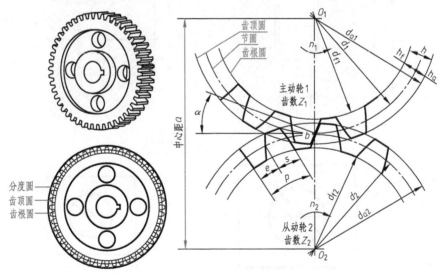

图 5-17　齿轮的各部分名称

表 5-2　标准模数（摘自 GB/T 1357—2008）

第一系列	1　1.25　1.5　2　2.5　3　4　5　6　8　10　12　16　20　25　32　40　50
第二系列	1.125　1.375　1.75　2.25　2.75　3.5　4.5　5.5　(6.5)　7　9　11　14　18　22　28　36　45

注：优先选用第一系列，其次选用第二系列，尽量不选用括号内的模数。

标准压力角一般为 $\alpha=20°$，相啮合的两齿轮的压力角相等。

已知齿轮模数 m 和齿数 z 时，齿轮的其他参数均可以计算出来，计算公式见表5-3。

表5-3　标准直齿圆柱齿轮各几何要素的尺寸计算公式

名称	代号	计算公式
齿顶高	h_a	$h_a = m$
齿根高	h_f	$h_f = 1.25m$
齿高	h	$h = 2.25m$
分度圆直径	d	$d = mz$
齿顶圆直径	d_a	$d_a = m(z+2)$
齿根圆直径	d_f	$d_f = m(z-2.5)$
齿距	p	$p = \pi m$
齿厚	s	$s = \pi m/2$
中心距	a	$a = (d_1+d_2)/2 = m(z_1+z_2)/2$

传动比（i_{12}）为主动轮的转速 n_1 与从动轮的转速 n_2 之比，即 $i_{12} = n_1/n_2 = z_2/z_1$。

（2）圆柱齿轮的规定画法

1）单个圆柱齿轮的画法。单个圆柱齿轮的画法如图5-18所示。在反映圆的视图中，齿顶圆和齿顶线用粗实线绘制，分度圆和分度线用细点画线绘制，齿根圆和齿根线用细实线绘制，也可以省略不画，如图5-18a所示。在剖视图中，齿根线用粗实线绘制，如图5-18b所示。当剖切平面通过齿轮时，轮齿一律按不剖绘制。除轮齿部分外，轮齿的其他部分结构均按真实投影画出。

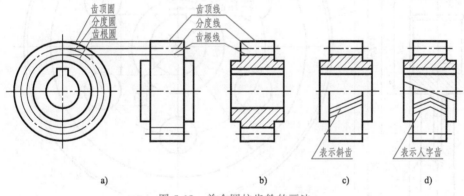

图5-18　单个圆柱齿轮的画法

2）圆柱齿轮啮合的画法。两标准圆柱齿轮啮合时，在反映圆的视图上，齿顶圆用粗实线绘制，两分度圆相切，此时分度圆又称节圆。采用剖视图时，在啮合区域，一个齿轮的轮齿用粗实线绘制，另一个齿轮的轮齿按被遮挡处理，齿顶线用细虚线绘出，齿顶线和齿根线之间的缝隙（顶隙），啮合部分的规定画法如图5-19所示。

齿轮的零件图不仅要表示出齿轮的形状、尺寸和技术要求，还要列出制造齿轮所需的参数和公差值，如图5-20所示。

2. 直齿锥齿轮

直齿锥齿轮的轮齿在锥面上，大端的法向模数为标准模数，法向齿形为标准渐开线。直齿锥齿轮的表示及基本参数如图5-21所示，由齿数和模数计算出大端分度圆直径，齿顶高为 m，齿根高为 $1.2m$（m 为模数）。

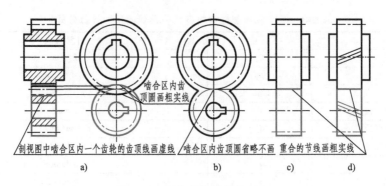

图 5-19　圆柱齿轮啮合的画法

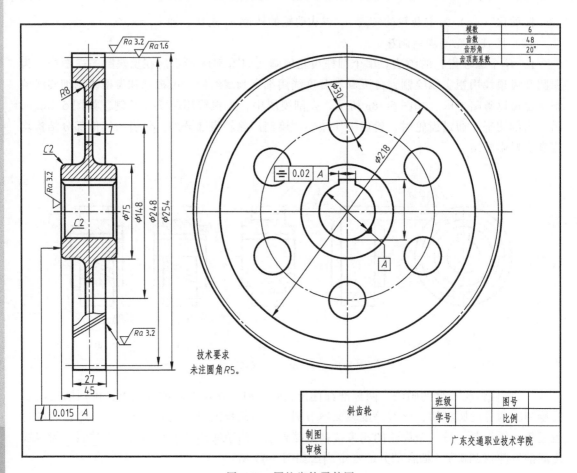

图 5-20　圆柱齿轮零件图

　　(1) 单个直齿锥齿轮的画法　主视图常采用全剖视图，在投影为圆的视图上规定用粗实线画出大端和小端的齿顶圆，用细点画线画出大端的分度圆。大、小端齿根圆及小端分度圆均不画，其余部分按投影关系绘制。单个直齿锥齿轮的作图步骤如图5-22 所示。

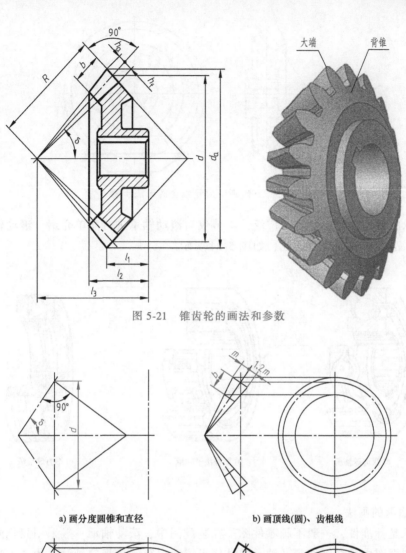

图 5-21　锥齿轮的画法和参数

a) 画分度圆锥和直径　　　　b) 画顶线(圆)、齿根线

c) 画其他部分　　　　d) 画剖面线并描深

图 5-22　单个直齿锥齿轮的作图步骤

（2）直齿锥齿轮啮合的画法　如图 5-23 所示，直齿锥齿轮的啮合区的画法与直齿圆柱齿轮的画法相同。

三、轴承

轴承也是汽车常用件，主要用来支承轴及承受轴上的载荷，可分为滚动轴承和滑动轴

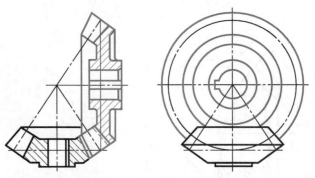

图 5-23　直齿圆锥齿轮啮合的画法步骤

承。滚动轴承的摩擦损失小，应用广泛，本节仅对滚动轴承进行简单介绍。滚动轴承一般由外圈、内圈、滚动体和保持架组成，如图 5-24 所示。

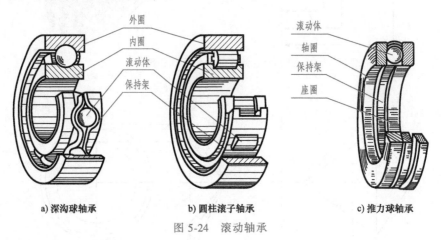

a) 深沟球轴承　　　　　　b) 圆柱滚子轴承　　　　　　c) 推力球轴承

图 5-24　滚动轴承

1. 滚动轴承的画法

滚动轴承是标准件，一般不画零件图。在装配图中，滚动轴承一般采用简化画法，当需要在轴承的剖视图中较详细地表达轴承的结构形式时，可采用规定画法。表 5-4 为滚动轴承的简化画法和规定画法的示例。

表 5-4　常用滚动轴承的画法

轴承类型	规定画法	特征画法
深沟球轴承		

（续）

轴承类型	规定画法	特征画法
推力球轴承		
圆柱滚子轴承		

2. 滚动轴承的代号

滚动轴承的结构及尺寸系列已标准化，常用规定代号表示。代号由前置代号、基本代号和后置代号构成，其排列顺序如下：

前置代号　基本代号　后置代号

基本代号表示轴承的基本类型、结构和尺寸，是轴承代号的基础。它由类型代号、尺寸系列代号、内径代号构成：

基本代号

类型代号　　尺寸系列代号　　内径代号

轴承类型代号参照 GB/T 271—2017《滚动轴承　分类》的规定选用。

例如，滚动轴承基本代号 7205 的含义为

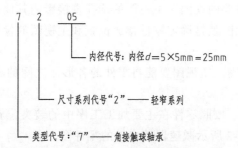

7　2　05

内径代号：内径$d=5×5mm=25mm$

尺寸系列代号"2"——轻窄系列

类型代号："7"——角接触球轴承

任务实施：如图 5-25 所示，使用游标卡尺测量螺栓的大径、螺距，查阅标准，取标准值，绘制螺栓的主视图和俯视图，并标注尺寸。

图 5-25　螺栓

5.3　汽车典型零件的表达方法

任务描述：零件的结构形状要用一组视图来表达，这一组视图并不一定或只限于三个基本视图，要综合运用各种表达方法，准确、清晰地表达其结构形状，使图形简单，便于看图。

任务分析：正确表达图 5-1 所示减速器轴承端盖的零件图。零件图的表达一般有以下几个步骤：

1）分析零件的结构形状。

2）主视图的选择。

3）其他视图的选择。

知识准备：

一、分析零件的结构形状

零件的结构形状是由它在机器或部件中的作用、装配关系和制造方法等因素决定的。零件的结构形状及其加工位置或工作位置不同，视图的选择也不同，因此，在选择零件的视图之前，应首先对零件进行结构分析，并了解其加工、工作情况，以便准确地表达零件的结构形状，反映零件的设计和工艺要求。

1. 主视图的选择

主视图是零件图中最重要的视图，主视图的选择直接影响其他视图的选择及读图的便利性和图幅的利用。选择主视图就是确定零件摆放位置和主视图的投射方向。选择主视图时考虑以下原则：

1）形状特征最明显原则。主视图要能将零件的各形体之间的相互位置和主要形体的形状、结构表达得最清楚。

2）符合加工位置原则。按照零件在主要加工工序中的装夹位置选取主视图，是为了加工制造者读图方便，如图 5-2 所示减速器输出轴的零件图。

3）符合工作位置原则。工作位置是指零件在机器或部件中工作时所处的位置。按工作位置选择主视图，容易想象零件在机器中的位置和作用，如图 5-26 所示的汽车半轴及

图 5-27 所示的轴承端盖零件图。

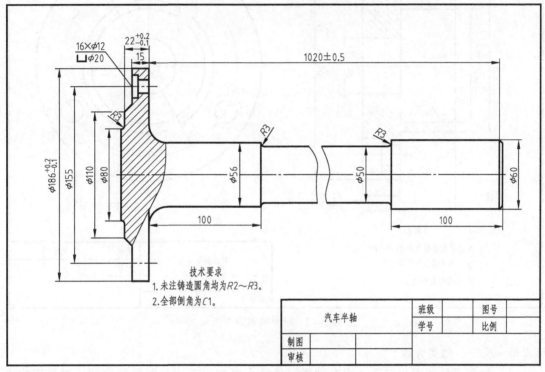

图 5-26　汽车半轴

2. 其他视图的选择

主视图确定后，应根据零件结构的复杂程度，选取其他视图，确定合适的表达方案，完整、清晰地表达零件的结构形状。在完整、清晰地表达零件结构形状的前提下，力求绘图简便，视图数量尽可能少。所以，在配置其他视图时应注意以下问题：

1）每个视图都有明确的表达重点，各视图互相配合，互相补充，表达内容尽量不要重复。

2）根据零件的内部结构选择恰当的剖视图和断面图，对尚未表达清楚的局部形状和细小结构，补充必要的局部视图和局部放大图。

3）表达方案不是唯一的，一般可以拟出几种不同的表达方案进行比较，选出一种较好的表达方案。

二、四种典型零件的表达方案

汽车的机械零件结构是多样的，但从总体结构上可大致分为轴类零件、盘类零件、叉架类零件和箱体类零件等，每类零件的表达方法有其共性的一面，掌握各类零件的表达方法，

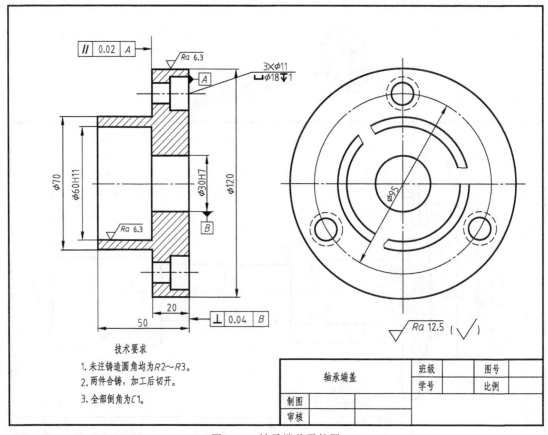

技术要求

1. 未注铸造圆角均为R2～R3。
2. 两件合铸，加工后切开。
3. 全部倒角为C1。

	轴承端盖	班级		图号	
		学号		比例	
制图					
审核					

图 5-27 轴承端盖零件图

可以举一反三，触类旁通。

（1）轴类零件的表达方法 汽车轴类零件的主要加工工序是车削或磨削，在车床或磨床上装夹时以轴线定位，卡盘夹紧，所以该类零件的主视图常将轴线水平放置。汽车上的轴一般是实心的，所以主视图多采用不剖或局部剖视图。轴上的键槽或孔多采用移出断面图或局部放大图表示。如图 5-2、图 5-26 所示。

轴类零件在尺寸标注上一般选择重要的端面或接触的端面为长度方向的基准（见本项目内任务五）。

（2）盘类零件的表达方法 盘类零件，主要结构大体上都带有回转体，还有各种形状的凸缘、均布的孔和肋等结构。这类零件通常采用主视图和左视图表达，如汽车转向盘、法兰盘、齿轮（图 5-28）等零件属于盘类零件，主视图常采用全剖或半剖，反映其形状的视图作为左视图，如图 5-27 所示的轴承端盖零件图。

在标注盘类零件时，常选用通过轴孔的中心线作为径向尺寸的基准，选择重要的端面为长度方向的基准。

（3）叉架类零件的表达方法 叉架类零件主要有拨叉、连杆、支座等零件，由于它们加工位置多变，在选择主视图时，主要考虑工作位置和形状特征，又因为这类零件的结构形状比较复杂，通常以反映其形状特征的视图作为主视图，主视图上没有表达清楚的部分采用移出断面图、局部视图、斜视图等表达。图 5-29 所示为汽车拨叉零件图。

a) 轴承端盖

b) 法兰盘

c) 尾架端盖

d) 齿轮

e) 手轮

f) 带轮

图 5-28　盘类零件

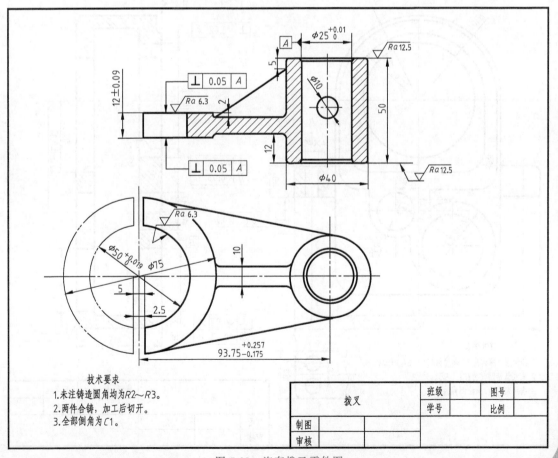

技术要求
1. 未注铸造圆角均为R2～R3。
2. 两件合铸，加工后切开。
3. 全部倒角为C1。

图 5-29　汽车拨叉零件图

（4）箱体类零件的表达方法　箱体类零件的形状、结构比前面三类零件都要复杂，而且加工位置更多变。选择主视图时，主要考虑工作位置和形状特征。选择其他视图时，根据具体情况选择剖视、断面、局部剖等表达形式。图 5-30 所示为阀盖零件图，主视图采用工作位置放置，反映了其形状，左视图采用了全剖视图，主要反映了内孔的结构形状和各形体的相对位置，在主视图上采用了局部剖表达了"Φ18"小孔的内部结构，视图综合起来，完整地表示了箱体的结构。

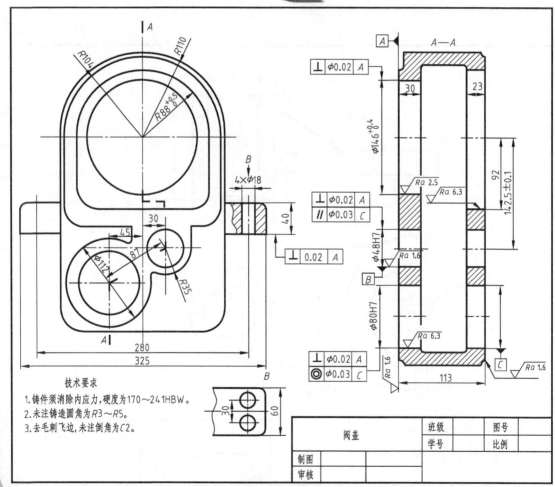

图 5-30　阀盖

任务实施：选择合适的表达方式，绘制图 5-31 所示的套筒零件图。

图 5-31　套筒

5.4　零件常见工艺结构

任务描述：零件常有一些特定的构造，如倒角、凸台等，这些结构应满足设计或工艺的要求，本节简单介绍零件常见结构的作用、画法和标注。

任务分析：零件的工艺结构和形状，除了应满足设计要求外，还应满足制造工艺的要求，即应具有合理的工艺结构。

知识准备：

1. 铸造圆角

在铸造毛坯时，为了防止浇注时砂型在尖角处脱落和避免铸件冷却收缩时在尖角处产生裂纹，铸件各表面的相交处应做成圆角，该圆角称为铸造圆角，如图 5-32 所示。加工后圆角被切去，此时应画成尖角。

铸造圆角半径一般取 $R3 \sim R5$mm，或取壁厚的 0.2~0.4 倍，也可从相关手册中查得。

2. 起模斜度

为便于将木模（或金属模）从砂型中取出，铸件的内外壁沿起模方向应设计有一定的起模斜度，如图 5-33。起模方向尺寸在 25~500mm 的铸件，其

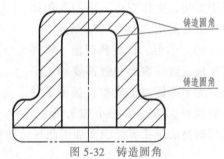

图 5-32　铸造圆角

拔模斜度为 1：20~1：9（3°~6°）。起模斜度的大小也可从相关手册中查得。在零件图上，

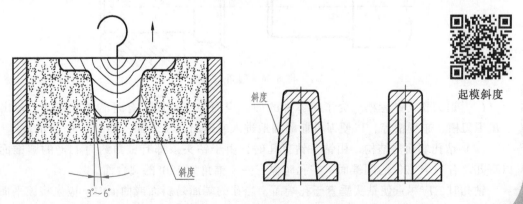

图 5-33　起模斜度

当零件的起模斜度无特殊要求时，可以不画出，也不加任何标注。

3. 铸件壁厚

铸件上各部分壁厚应尽量均匀。若铸件壁厚不均匀，金属各处冷却速度不同，易产生缩孔，或在壁厚突变处产生裂纹等缺陷，如图5-34所示。为了避免产生缺陷，应尽可能使铸件壁厚均匀或逐渐过渡，如图5-35所示。铸件壁厚尺寸一般直接注出。

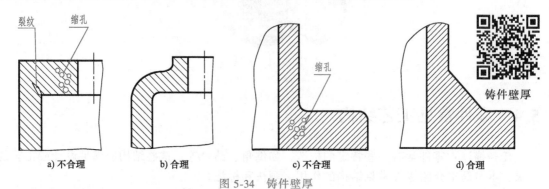

图 5-34　铸件壁厚

4. 机械加工工艺

（1）圆角和倒角　阶梯状的轴和孔，为了避免在轴肩、孔肩处产生应力集中，常以圆角过渡。为了便于安装和操作安全，轴和孔的端面加工有倒角，如图5-36所示。

（2）凸台、凹坑和凹槽　零件与零件接触的表面一般都要加工平整。为了降低加工成本，保证零件接触良好，应尽量减小加工面积。常用的办法是在零件表面加工凸台、凹坑或凹槽，如图5-37所示。

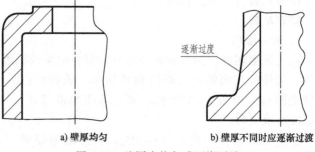

图 5-35　壁厚应均匀或逐渐过渡

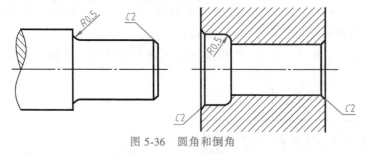

图 5-36　圆角和倒角

（3）退刀槽和越程槽　为了将零件的加工表面加工彻底，有时需要在零件上留出或加工出退刀槽、越程槽等，以便刀具能顺利地进入或退出加工表面，如图5-38所示。

（4）钻孔端面的结构　用钻头钻盲孔时，由于钻头顶部有锥角约为118°的圆锥面，所以盲孔总有一个120°的圆锥面，扩孔时也有一个锥角为120°的圆台面。

钻孔时，应尽量使钻头垂直于孔端面，当孔的端面是斜面或曲面时，应先将该平面铣平或制成凸台或凹坑等结构，如图5-39所示。

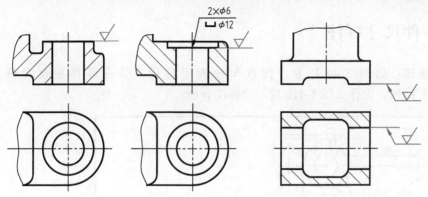

图 5-37　凸台、凹坑和凹槽

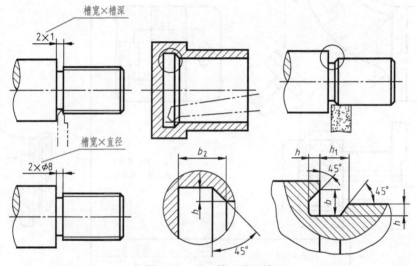

图 5-38　退刀槽、越程槽

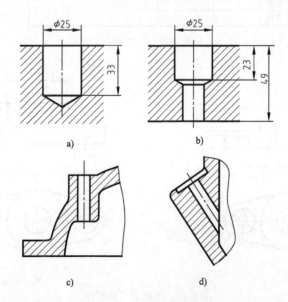

a)

b)

c)

d)

图 5-39　钻孔端面的结构

5.5　零件尺寸标注

　　任务描述：如图 5-40 所示，读汽车踏板零件图，学习零件图尺寸标注。分析图 5-41a、b 两图，为什么图 5-41b 的尺寸标注合理？

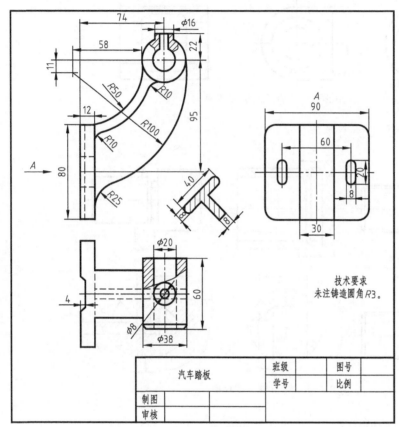

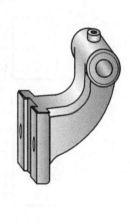

图 5-40　汽车踏板

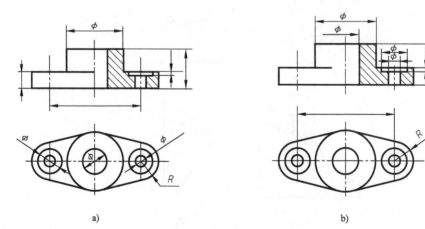

图 5-41　零件图尺寸标注

　　任务分析：零件图的尺寸标注既要符合尺寸标注的有关规定，又要达到完整、清晰、合理的要求。常采用形体分析方法，将尺寸标注完整。仔细推敲每一个尺寸的标注位置，将尺寸标注得清晰。下面重点讨论尺寸标注的合理性问题。

　　尺寸标注合理，是指标注尺寸既要符合零件的设计要求，又要便于加工和检验。这就要根据零件的设计和加工工艺要求，正确选择尺寸基准，恰当地配置零件的结构尺寸。要做到这一点，需要有一定的生产经验和专业知识。

　　知识准备：

一、尺寸基准的选择

　　零件图中，视图只是表达了零件的结构形状，尺寸则表达了零件的大小。

　　通常将标注尺寸的起点称为尺寸基准，以它为起点确定零件上其他面、线或点的位置。零件常以对称面、主要加工面、安装底面、端面、回转轴线和中心线为尺寸基准。每个零件都有长、宽、高三个方向的基准。同一方向上可以有多个尺寸基准，但其中有一个是主要基准，其余为辅助基准。辅助基准和主要基准之间应有尺寸相关联。基准面的表面质量要求较高。

　　基准根据作用的不同，分为设计基准、工艺基准。

　　（1）设计基准（主要基准）　设计基准是从设计角度考虑，为满足零件在机器或部件中的位置和作用而选定的一些基准。如图 5-42 所示，支座底面 B 为安装面，中心孔的高根据这一平面来确定，因此底面是高度方向的设计基准。支座左右对称，其对称中心线 C 为长

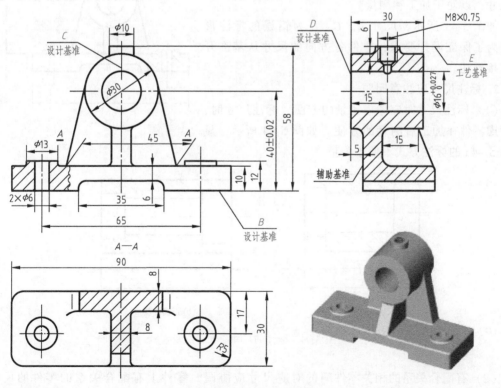

图 5-42　支座的尺寸基准

度方向的主要基准。支座后方面 D 为宽度方向主要基准。

（2）工艺基准（辅助基准）　工艺基准是从加工工艺的角度考虑，为便于零件的加工、测量而选定的一些基准。零件上有些结构若以设计基准为起点标注尺寸，不便于加工和测量，必须增加一些辅助基准作为标注这些尺寸的起点，如在图 5-42 中，以顶面为螺孔"M8"深度的工艺基准，该基准也是高度方向的辅助基准。

二、尺寸标注的步骤

完整、清晰、合理地标注出全部尺寸是一件复杂的工作，只有按照合理科学的方法和步骤，才能将尺寸标注得符合要求。尺寸标注通常按以下步骤进行：

1）分析尺寸基准，注出主要形体的定位尺寸。

2）形体分析，注出主要形体的定形尺寸。

3）形体分析，注出次要形体的定形及定位尺寸。

4）整理加工，完成全部尺寸的标注。

三、尺寸标注的基本原则

1. 重要的尺寸直接标出

重要的尺寸是指影响产品性能、工艺精度、装配精度及互换性的尺寸（规格性能尺寸、配合尺寸、安装尺寸、定位尺寸），这些尺寸必须从设计基准直接注出。零件要尽可能根据机械加工工序配置尺寸，以便于加工和测量。

如图 5-43 所示，尺寸 B、C、E 为错误的标注形式，为了保证设计要求，零件各方向的尺寸从基准开始直接标注。

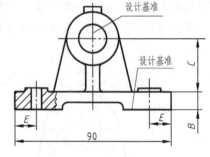

2. 标注尺寸应注意问题

（1）标注尺寸时应考虑测量的方便　标注尺寸时，应考虑零件在加工后测量的方便。如图 5-44 所示，显然图 5-44a 的标注方式不便于测量。

图 5-43　错误的标注形式

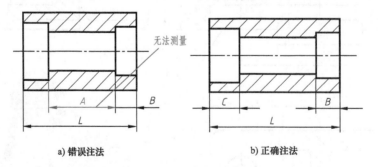

a) 错误注法　　　　　　　b) 正确注法

图 5-44　标注的尺寸应便于测量

（2）有配合关系的相关零件间的对应尺寸应协调　零件上有配合关系的零件的尺寸，在各自零件图上标注时应协调一致，如图 5-45 所示。

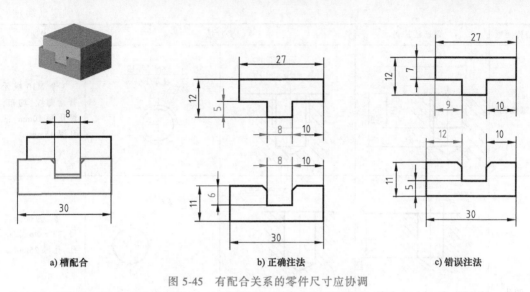

a) 槽配合　　　　b) 正确注法　　　　c) 错误注法

图 5-45　有配合关系的零件尺寸应协调

（3）避免标注成封闭尺寸链　封闭尺寸链是首尾相连接，形成封闭圈的一组尺寸。如图 5-46a 所示，所有尺寸构成了一个封闭尺寸链，尺寸 B、C、D 的加工误差都集中到总长尺寸 A 上，导致总长尺寸 A 的精度得不到保证。为了避免这种情况，常省略一个不重要的尺寸，如图 5-46b 所示。加工完成后，图中所注尺寸的加工误差全部累积到未标尺寸处，使整个工件的设计性能得到了保证。

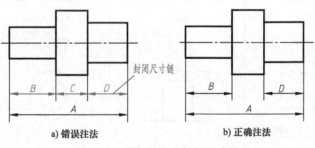

a) 错误注法　　　　　　　b) 正确注法

图 5-46　避免标注成封闭尺寸链

零件上常见孔和
轴的尺寸标注

3. 零件上常见孔和轴的尺寸标注

螺孔、光孔、沉孔的标注方法见表 5-5。

表 5-5　螺孔、光孔、沉孔的标注方法

结构类型	普通法法	旁注法		说明
螺纹孔	 3×M10 EQS 	 3×M10 EQS 	 3×M10 EQS 	"EQS"表示均布，3 个 M10 粗牙普通螺纹，通孔、均布

（续）

结构类型	普通法法	旁注法		说明
螺纹孔	3×M10 EQS 10 15	3×M10▽10 孔▽15EQS	3×M10▽10 孔▽15EQS	3 个 M10 粗牙普通螺纹,均布,螺孔深 10mm、钻孔深 15mm
光孔	3×φ6 25	3×φ6▽25	3×φ6▽25	"▽"为孔深符号,3 个 φ6mm 的孔,孔深 25mm
	锥销孔φ4 配作	锥销孔φ4 配作	锥销孔φ4 配作	"配作"是指该孔与相邻零件的同位锥销孔一起加工。φ4mm 是圆锥销小端直径
深孔	90° φ15 3×φ9	3×φ9 ▽φ15×90°	3×φ9 ▽φ15×90°	"▽"为埋头孔符号,3 个 φ9mm 的沉孔,锥形孔大端直径为 φ15mm,锥角为 90°
	φ11 3 4×φ6.6	4×φ6.6 ⊔φ11▽3	4×φ6.6 ⊔φ11▽3	"⊔"为锪平符号

　　轴类零件，通常按轴的加工顺序标注，如图 5-47 所示。

四、汽车踏板标注尺寸示例

　　如图 5-48 所示，试分析并标注汽车踏板的尺寸。

　　1）选取基准。踏板为叉架类零件，标注这类零件的尺寸时，通常选用"安装基面"或"对称面"作为尺寸基准。分别选择踏板的对称中心线作为高度方向、宽度方向的主要尺寸

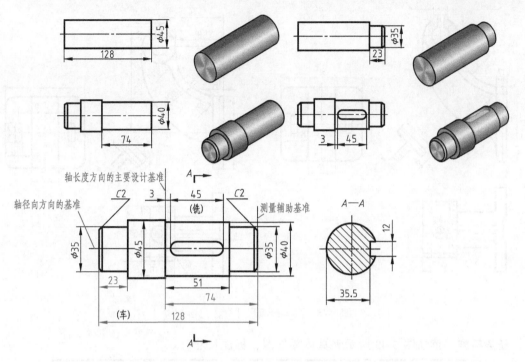

图 5-47　轴的尺寸标注

基准，踏板的左端面作为长度方向的主要尺寸基准，如图 5-48a 所示。

2）对踏板进行形体分析，标注各部分的定位尺寸，如图 5-48b 所示。

3）标注各部分的定形尺寸或其他工艺结构尺寸，如图 5-48c 所示。

4）最后检查完成后的尺寸标注，如图 5-48d 所示。

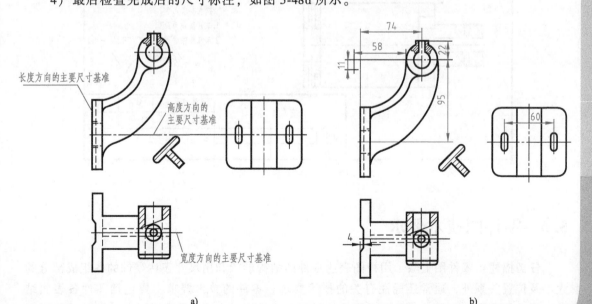

a)　　　　　　　　　　　　　　　　b)

图 5-48　汽车踏板尺寸标注

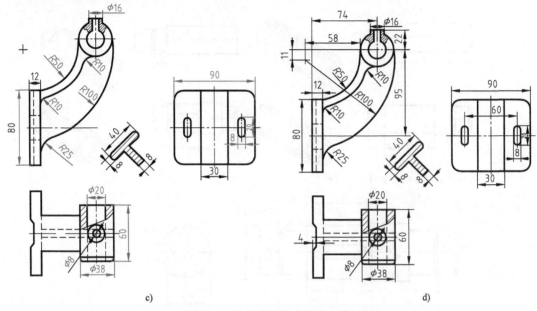

图 5-48　汽车踏板尺寸标注（续）

任务实施：读懂图 5-49 所示夹具体零件图，标注尺寸。

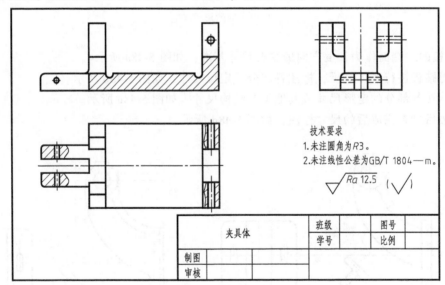

图 5-49　夹具体零件图

5.6　零件图技术要求

任务描述：零件图上除了用视图表达零件的结构形状和用尺寸表达零件的各组成部分的大小及位置关系外，通常还标注有关的技术要求。零件的技术要求主要包括零件各表面结构、尺寸公差、几何尺寸，以及对零件的材料、热处理与表面修饰和特殊加工与检验的说明等。本任务主要介绍零件各表面的表面粗糙度、尺寸公差、几何公差的识读。

任务分析：零件表面结构是表面粗糙度、表面波纹度、表面缺陷、表面纹理和表面几何形状的总称。表面结构的各项要求在图样上的表示方法在 GB/T 131—2006 中均有具体规定。

知识准备：

一、表面结构的表示法

经过加工的机器零件，其表面状态是比较复杂的。若将其截面放大，零件的表面总是凹凸不平的，是由一些微小间距和微小峰谷组成的，如图 5-50 所示，将这种零件加工后表面上具有的微小间距和微小峰谷组成的微观几何形状特征称为表面粗糙度。零件表面粗糙度对零件的配合、耐磨性、抗腐蚀性等使用性能和使用寿命有重要影响，特别是转速高、密封性能要求高的部件要格外重视，是零件图中必不可少的一项技术要求。因此，为了保证产品质量、提高汽车零件的使用寿命、降低生产成本，必须认真识读零件图中的表面粗糙度要求。

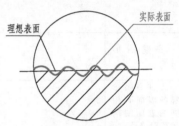

图 5-50　表面粗糙度

1. 表面结构术语及定义

国家标准 GB/T 3505—2009 中规定了评定表面结构的各种参数，以便在保证使用功能的前提下，选用较为经济的评定参数值，以降低成本。轮廓参数是我国机械图样中目前最常用的评定参数。本任务仅介绍轮廓参数中评定表面粗糙度轮廓的两个高度参数轮廓算术平均偏差 Ra 和轮廓最大高度 Rz（图 5-51），在机械零件中常用轮廓算术平均偏差 Ra 的值判断表面质量，常用的参数值为 $0.4\mu m$、$0.8\mu m$、$1.6\mu m$、$3.2\mu m$、$6.3\mu m$、$12.5\mu m$、$25\mu m$。数值越小，表面越平滑；数值越大，表面越粗糙。其值的选用应根据零件的功能要求而定。表 5-6 列出了国家标准推荐的 Ra 的数值。

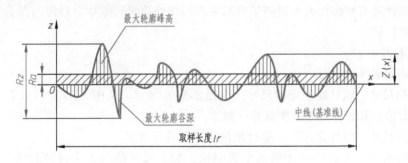

图 5-51　轮廓算术平均偏差 Ra

表 5-6　轮廓算术平均偏差 Ra 的数值　　　　　　　（单位：μm）

0.012,0.025,0.05,0.1,0.2,0.4,0.8,1.6,3.2,6.3,12.5,25,500,100

2. 标注表面结构的图形符号

标注表面结构要素要求时的图形符号及其含义见表 5-7。

例如，$\sqrt{}^{Ra\,3.2}$ 表示用去除材料的方法获得表面质量，Ra 的上限值为 $3.2\mu m$。

3. 表面结构要求在零件图中的标注

表面结构要求对每一个表面一般只注一次，并尽可能注在相应的尺寸及其公差的同一视

表 5-7　表面结构图形符号及其含义

符号名称	符号	含　义
基本图形符号		未指定工艺方法的表面，仅用于简化代号的标注，没有补充说明时不能单独使用
扩展图形符号		用去除材料方法获得的表面，仅当其含义是"被加工表面"时才可单独使用
		不去除材料的表面，也可用于表示保持上道工序形成的表面，无论这种状况是通过去除材料或不去除材料形成的
完整图形符号		当要求标注表面结构特征的补充信息时，在上述三个符号的长边上可加一横线，用于标注有关参数或说明
工件封闭轮廓各表面有相同的表面结构的图形符号		在上述三个符号的长边上加一个小圆，表示对投影视图上封闭的轮廓线所表示的各表面有相同的表面结构要求

图上。代号可标注在轮廓线上或其延长线上，其符号应从材料外指向并接触表面，也可以标注在给定的尺寸线上或几何公差框格上。必要时，表面结构也可以用带箭头或黑点的指引线引出标注，如图 5-52 所示。

二、极限与配合

极限与配合是零件图和装配图中一项重要的技术要求。也是检验产品质量的技术指标。在批量生产中，一批相同规格的零件或部件中，任取一件，不经修配或其他加工，就能顺利装配，并能够达到设计和使用性能要求，零件这种在尺寸与功能上可以互相代替的性质称为互换性。零部件具有互换性大大提高了汽车生产与维修质量和效率。极限与配合是零件具有互换性的重要保证。

1. 基本术语

基本术语如图 5-53 所示。

（1）公称尺寸　设计时给定的尺寸，如图 5-53 中 $\phi35$。从图 5-53 中可以看出，具有配合关系的孔和轴，其公称尺寸必须保持一致。

（2）实际尺寸　零件完工后，通过测量所得到的尺寸。

（3）极限尺寸　允许的尺寸的两个极限值。加工尺寸的最大允许值称为上极限尺寸，最小允许值称为下极限尺寸。如图 5-53 中孔的 $\phi35.025$ 为上极限尺寸，$\phi35$ 为下极限尺寸。

（4）尺寸偏差（简称偏差）　尺寸偏差是某一尺寸减去公称尺寸所得的代数差。极限偏差有上极限偏差和下极限偏差之分。孔的上极限偏差用 ES 表示，下极限偏差用 EI 表示；轴的上极限偏差用 es 表示，下极限偏差用 ei 表示。尺寸偏差可为正值、负值或零。

孔的上极限偏差 ES＝孔的上极限尺寸－孔的公称尺寸

孔的下极限偏差 EI＝孔的下极限尺寸－孔的公称尺寸

轴的上极限偏差 es＝轴的上极限尺寸－轴的公称尺寸

轴的下极限偏差 ei＝轴的下极限尺寸－轴的公称尺寸

（5）尺寸公差（简称公差）　允许尺寸的变动量称为尺寸公差。尺寸公差用 T 表示，等

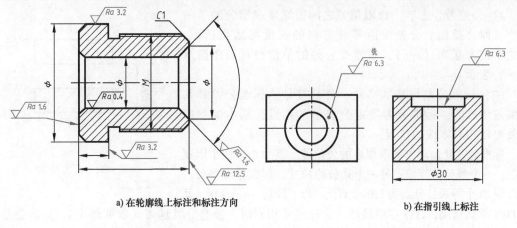

a) 在轮廓线上标注和标注方向

b) 在指引线上标注

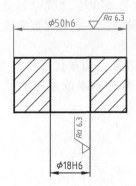

c) 在尺寸线及其延长线上标注

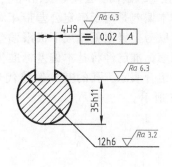

d) 在圆柱特征延长线上标注

图 5-52 表面粗糙度标注

于上极限尺寸减去下极限尺寸，或上极限偏差减去下极限偏差。尺寸公差总是大于零的正数，如图 5-53 所示，孔的公差是 0.025mm。

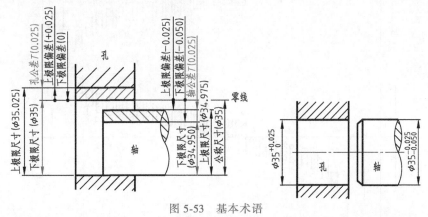

图 5-53 基本术语

（6）公差带图 在分析零件的尺寸、偏差和公差时，为了更形象地表达它们之间的关系，用线和图形表达孔和轴的偏差、公差与公称尺寸的关系，称为公差带图，如图 5-54 所示。

1）零线。在公差带图中，零线是表示公称尺寸，确定偏差和公差的一条基准线，偏差位于零线上方，表示偏差为正，位于零线下方，表示偏差为负，当与零线重合时，表示偏差为零。

2）公差带。上、下极限偏差之间的宽度表示公差带的大小，即公差值。公差带沿零线方向的长度可适当选取。尺寸单位为毫米（mm），偏差及公差的单位也可以用微米（μm）表示。

（7）标准公差与基本偏差　公差带是由标准公差和基本偏差组成的，标准公差决定公差带的高度，基本偏差确定公差带相对零线的位置。

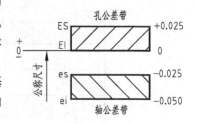

图 5-54　公差带图

标准公差是由国家标准规定的公差值。其大小由两个因素决定，一个是公差等级，另一个是公称尺寸。国家标准将公差划分为 20 个等级，分别为 IT01、IT0、IT1、IT2、…、IT18，其中 IT01 等级最高，IT18 等级最低。公称尺寸相同时，公差等级越高（数值越小），标准公差越小，精度等级越高；公差等级相同时，公称尺寸越大，标准公差越大，但等级越低。

基本偏差是用于确定公差带相对于零线位置的极限偏差，一般为靠近零线的那个极限偏差，可以为上极限偏差或下极限偏差。

国家标准已经将基本偏差标准化、系列化，孔和轴的基本偏差代号各有 28 种，用字母或字母组合表示，孔的基本偏差代号用大写字母表示，轴的基本偏差用小写字母表示。如图 5-55 所示。

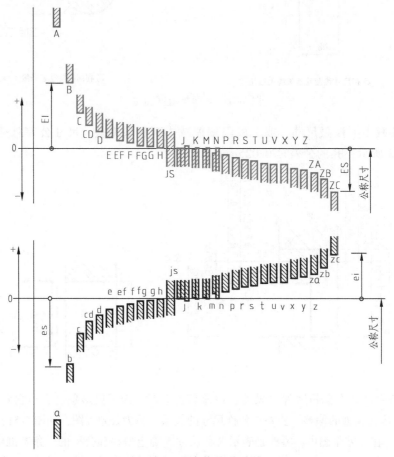

图 5-55　基本偏差系列图

三、配合制

1. 配合

配合是指公称尺寸相同的，相互结合的孔与轴公差带之间的关系。在孔与轴的配合中，孔的尺寸减去轴的尺寸所得的代数差，其值为正值时称为间隙，其值为负值时称为过盈。

（1）间隙配合 间隙配合是指具有间隙（包括最小间隙为零）的配合。孔的公差带位于轴的公差带之上，如图5-56所示。

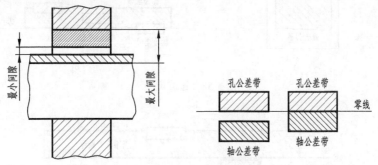

图5-56 间隙配合

（2）过盈配合 过盈配合是指具有过盈（包括最小过盈为零）的配合。孔的公差带位于轴的公差带之下，如图5-57所示。

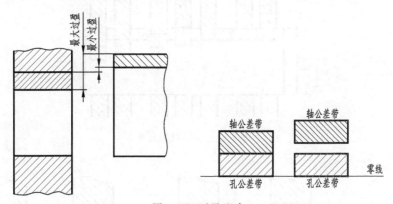

图5-57 过盈配合

（3）过渡配合 过渡配合是指可能产生间隙或过盈的配合。孔的公差带与轴的公差带相互交叠，如图5-58所示。过渡配合中，每对孔、轴的间隙或过盈也是变化的。

2. 配合制

配合制指同一极限的孔和轴组成的一种配合制度。

（1）基孔制配合 基本偏差为一定的孔的公差带，与不同基本偏差的轴的公差带形成各种配合的一种制度。基孔制的孔称为基准孔，下极限偏差为零，基本偏差代号为H，如图5-59。

（2）基轴制配合 基本偏差为一定的轴的公差带，与不同基本偏差的孔的公差带形成各种配合的一种制度。基轴制的轴称为基准轴，上极限偏差为零，基本偏差代号为h，如图5-60、图5-61所示。

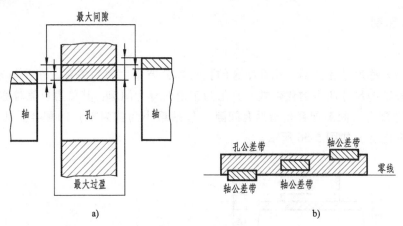

图 5-58　过渡配合

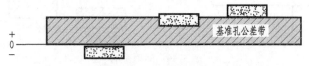

图 5-59　基孔制配合

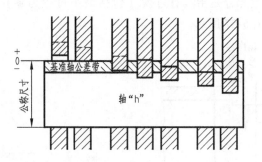

图 5-60　基轴制配合

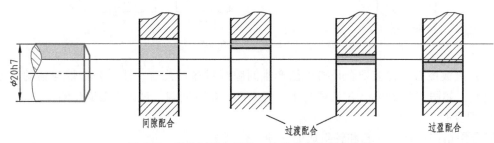

图 5-61　基轴制配合时孔、轴公差带之间的关系

一般情况下优先采用基孔制配合。

四、极限与配合的标注

（1）在零件图上的标注　线性尺寸公差在零件图中的标注方法有三种形式，如图 5-62 所示。

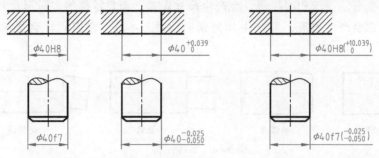

a) 标注公差带代号　　b) 标注极限偏差数值　　c) 既标注公差带代号又标注极限偏差

图 5-62　零件图尺寸公差标注

（2）装配图的尺寸公差标注　装配图上线性尺寸的配合代号必须在公称尺寸之后，用分数的形式注出。分子为孔的公差带代号，分母为轴的公差带代号，如图 5-63 所示。

五、线性尺寸的一般公差

一般公差是指在车间一般加工条件下可以保证的公差，是机床设备在正常维护和操作的情况下，能达到的经济加工精度。

图 5-63　装配图尺寸公差标注

国家标准 GB/T 1804—2000 规定了线性尺寸的一般公差等级和极限偏差。一般公差等级分为四级，它们分别是精密级 f、中等级 m、粗糙级 c、最粗级 v。极限偏差全部采用对称偏差值，对适用尺寸也采用了较大的分段，具体数值见表 5-8。

线性尺寸一般公差主要用于较低精度的非配合尺寸。采用一般公差的尺寸，该尺寸后不标注极限偏差。若功能上要求比一般公差更小的公差或允许一个比一般公差更大的公差，且采用该公差比一般公差更为经济时，其相应的极限偏差要在公称尺寸后注出。

表 5-8　线性尺寸的极限偏差的数值

公差等级	公称尺寸分段							
	0.5~3	>3~ 6	>6~ 30	>30~ 120	>120~ 400	>400~ 1000	>1000~ 2000	>2000~ 4000
f（精密级）	±0.05	±0.05	±0.1	±0.15	±0.2	±0.3	±0.5	—
m（中等级）	±0.1	±0.1	±0.2	±0.3	±0.5	±0.8	±1.2	±2
c（粗糙级）	±0.2	±0.3	±0.5	±0.8	±1.2	±2	±3	±4
v（最粗级）	—	±0.5	±1	±1.5	±2.5	±4	±6	±8

采用 GB/T 1804—2000 规定的一般公差，在图样、技术文件或标准中用该标准号和公差等级符号表示。例如，当选用中等级 m 时，可在技术要求中注明：未注公差尺寸按 GB/T 1804—2000—m。

六、几何公差

1. 概述

零件在机械加工过程中，由于机床、刀具、安装和系统等存在几何误差，以及加工中出

现受力变形、热变形、振动和磨损等，会产生尺寸误差，而且零件的实际形状和位置相对理想的形状和位置也会产生偏离，即产生几何误差（图5-64），它们同样会影响零件的工作性能。

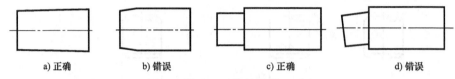

| a) 正确 | b) 错误 | c) 正确 | d) 错误 |

图 5-64 几何误差

2. 几何公差的特征项目和符号

国家标准 GB/T 1182—2018 规定了几何公差特征项目和符号，见表 5-9。

表 5-9 几何公差特征项目和符号

公差类型	特征项目	符 号	有或无基准
形状公差	直线度	—	无
	平面度	▱	无
	圆度	○	无
	圆柱度	⌭	无
形状公差、方向公差或位置公差	线轮廓度	⌒	有或无（形状公差无）
	面轮廓度	⌓	有或无（形状公差无）
方向公差	平行度	//	有
	垂直度	⊥	有
	倾斜度	∠	有
位置公差	位置度	⊕	有或无
	同轴（同心）度	◎	有
	对称度	=	有
跳动公差	圆跳动	╱	有
	全跳动	⌰	有

几何公差标注示例及解释见表 5-10～表 5-12。

表 5-10 形状公差带及其解释、标注示例

公差项目	标注及解释	公差带说明
直线度	— 0.03 棱线必须位于距离为公差值 0.03mm 两平行平面之间	在给定方向上，公差带为距离为公差值 t 的两平行平面所限定的区域

（续）

公差项目	标注及解释	公差带说明
直线度	圆柱体轴线必须位于直径为 $\phi0.01$mm 的圆柱面内	公差带是直径为公差值 t 的圆柱面内的区域
平面度	被测表面必须位于距离为公差值 0.10mm 的两平行平面内	公差带是距离为公差值 t 的两平行平面之间的区域
圆度	圆柱面任一正截面的圆周必须位于半径差为公差值 0.02mm 的两同心圆之间 圆锥面任一正截面上的圆周必须位于半径差为 0.01mm 的两同心圆之间	公差带是垂直于轴线的任意正截面上半径差为公差值 t 的两同心圆之间的区域
圆柱度	被测圆柱面必须位于半径差为公差值 0.05mm 两同轴圆柱面之间	公差带是半径差为公差值 t 的两同轴圆柱面之间的区域

（续）

公差项目	标注及解释	公差带说明
线（面）轮廓度	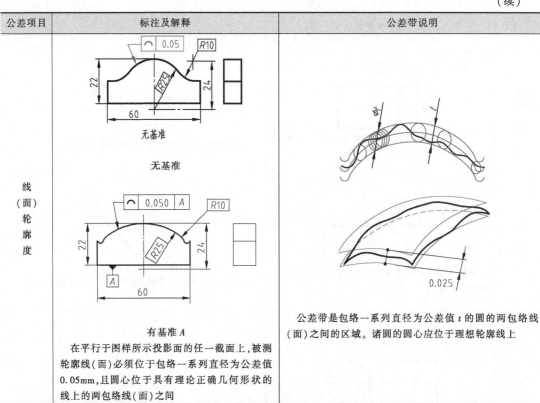 无基准 无基准 有基准 A 在平行于图样所示投影面的任一截面上，被测轮廓线（面）必须位于包络一系列直径为公差值0.05mm，且圆心位于具有理论正确几何形状的线上的两包络线（面）之间	公差带是包络一系列直径为公差值 t 的圆的两包络线（面）之间的区域。诸圆的圆心应位于理想轮廓线上

注：轮廓度（线轮廓度和面轮廓度）公差带既控制实际轮廓线的形状，又控制其位置。严格地说，有基准要求的情况时轮廓度的公差应属于位置公差。

表 5-11　方向公差带及其解释、标注示例

公差项目	标注及解释	公差带说明
平行度	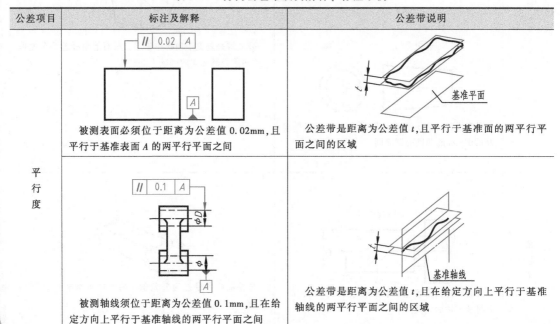 被测表面必须位于距离为公差值 0.02mm，且平行于基准表面 A 的两平行平面之间 被测轴线须位于距离为公差值 0.1mm，且在给定方向上平行于基准轴线的两平行平面之间	公差带是距离为公差值 t，且平行于基准面的两平行平面之间的区域 基准平面 公差带是距离为公差值 t，且在给定方向上平行于基准轴线的两平行平面之间的区域 基准轴线

（续）

公差项目	标注及解释	公差带说明
平行度	被测轴线必须位于直径为公差值 0.2mm，且平行于基准轴线的圆柱面内	公差带是直径为公差值 t，且平行于基准轴线的圆柱面内的区域
垂直度	被测端面必须位于距离为公差值 0.05mm，且垂直于基准轴线 A 的两平行平面之间（左图标注的是面对线的情况，线对线、面对面、线对面的情况不一一介绍，同平行度情况类似）	公差带是距离为公差值 t，且垂直于基准轴线的两平行平面之间的区域
倾斜度	被测表面必须位于距离为公差值 0.08mm，且与基准平面 A 成理论正确角度 45° 的两平行平面之间	公差带是距离为公差值 t，且与基准平面 A 成理论正确角度 45° 的两平行平面之间的区域

表 5-12　位置公差带及其解释、标注示例

公差项目	标注及解释	公差带说明
同轴度	被测圆柱的轴线必须位于公差值为 0.05mm，且与公共基准轴线 $A—B$ 同轴的圆柱面内	公差带是公差值 ϕt，且与组合基准线 $A-B$ 同轴的圆柱面之间的区域

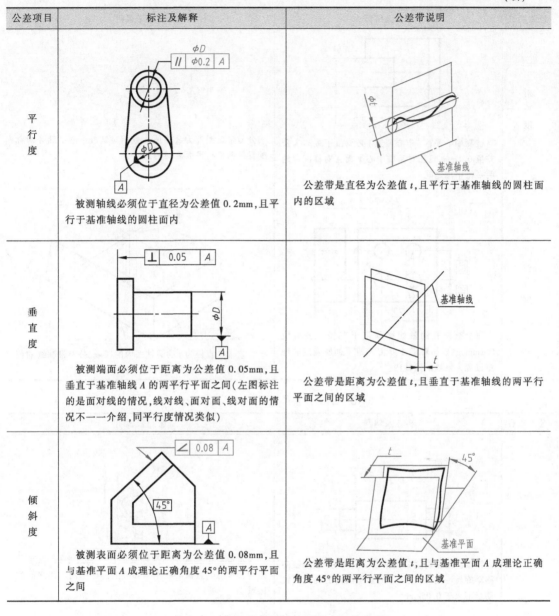

（续）

公差项目	标注及解释	公差带说明
对称度	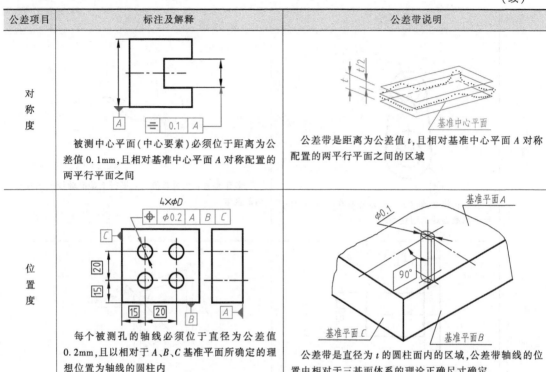 被测中心平面（中心要素）必须位于距离为公差值0.1mm，且相对基准中心平面A对称配置的两平行平面之间	公差带是距离为公差值t，且相对基准中心平面A对称配置的两平行平面之间的区域
位置度	每个被测孔的轴线必须位于直径为公差值0.2mm，且以相对于A、B、C基准平面所确定的理想位置为轴线的圆柱内	公差带是直径为t的圆柱面内的区域，公差带轴线的位置由相对于三基面体系的理论正确尺寸确定

表5-13　跳动公差带及其解释、标注示例

公差项目	标注及解释	公差带说明
圆跳动	径向圆跳动 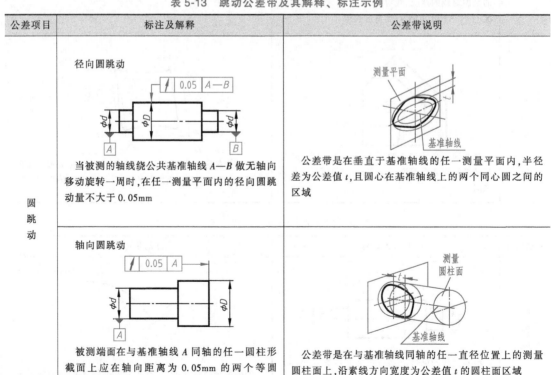 当被测的轴线绕公共基准轴线A—B做无轴向移动旋转一周时，在任一测量平面内的径向圆跳动量不大于0.05mm	公差带是在垂直于基准轴线的任一测量平面内，半径差为公差值t，且圆心在基准轴线上的两个同心圆之间的区域
	轴向圆跳动 被测端面在与基准轴线A同轴的任一圆柱形截面上应在轴向距离为0.05mm的两个等圆之间	公差带是在与基准轴线同轴的任一直径位置上的测量圆柱面上，沿素线方向宽度为公差值t的圆柱面区域

（续）

公差项目	标注及解释	公差带说明
全跳动	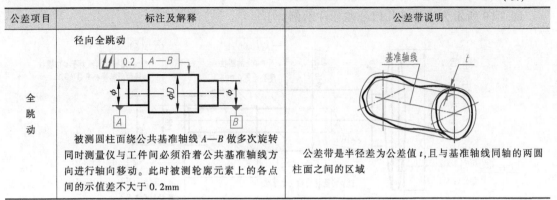 径向全跳动 被测圆柱面绕公共基准轴线 *A—B* 做多次旋转同时测量仪与工件间必须沿着公共基准轴线方向进行轴向移动。此时被测轮廓元素上的各点间的示值差不大于 0.2mm	公差带是半径差为公差值 *t*，且与基准轴线同轴的两圆柱面之间的区域

七、几何公差的标注

被测要素由指引线与公差框格相连。指引线用细实线，可用折线，但弯折不能超过两次。其一端接公差框格，另一端画上箭头，并指向被测要素或其延长线，如图 5-65 所示。

图 5-65 中 为基准符号，基准用一个大写字母表示，字母标注在方框内。表示基准的字母还应标注在公差框格内。

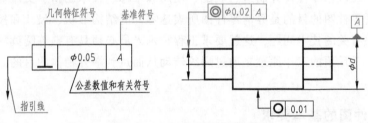

图 5-65 几何公差框格及标注

1）当被测要素是轮廓线或轮廓面时，从框格引出的箭头应指向该要素的轮廓线或其延长线（与尺寸线明显错开），如图 5-66 所示；箭头也可指向引出线的水平线，引出线引自被测面，如图 5-67 所示。

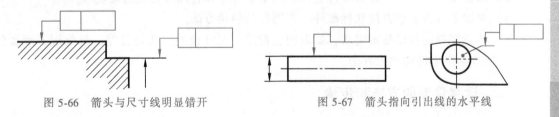

图 5-66 箭头与尺寸线明显错开　　　　图 5-67 箭头指向引出线的水平线

2）当被测要素是轴线时，应将箭头与该要素的尺寸线对齐，如图 5-68 所示。

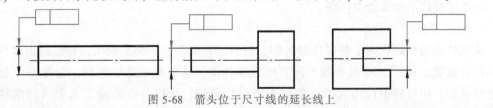

图 5-68 箭头位于尺寸线的延长线上

3）当基准要素是轴线时，应将基准三角形与该要素尺寸线对齐。

图 5-69 所示为活塞杆几何公差标注示例。

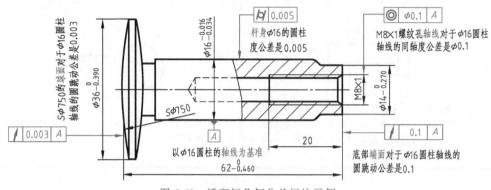

图 5-69　活塞杆几何公差标注示例

任务实施：阅读图 5-49 所示夹具体零件图，试标注尺寸公差、几何公差及表面粗糙度。

5.7　汽车千斤顶零件图的识读

任务描述：在汽车零件设计制造、装配、使用和维修、技术创新、交流等工作中，常常要看零件图。看零件图的目的是弄清零件图所表达零件的结构形状、尺寸和技术要求，以便指导生产和解决有关的技术问题，这就要求工程技术人员必须具有熟练阅读零件图的能力。

任务分析：千斤顶的工作原理是通过螺纹转动从而达到举升物体的目的。

知识准备：

一、读零件图的基本要求

不同岗位的人看图的目的不同，通常，读零件图的基本要求有：

1）了解零件的名称、用途和材料。

2）根据给出的零件图，分析零件各组成部分的几何形状、结构特点及作用。

3）阅读零件的尺寸，分析零件各部分的定形尺寸和各部分之间的定位尺寸。

4）掌握零件的表达方法和标准件、常用件的表达方法。

5）熟悉零件的各项技术要求，如表面粗糙度、尺寸公差、几何公差、热处理及表面处理等，初步确定零件的加工方法。

二、读零件图的方法和步骤

读零件图的方法不是一成不变的，应通过分析及反复推敲，弄清楚零件的结构及精度要求。通常应按以下步骤读零件图：

1. 概括了解

从零件图的标题栏内了解零件的名称、材料、比例等，并浏览视图，初步得出零件的用途和形体概貌。如图 5-70 所示的千斤顶底座零件图，从名称就能联想到，它是一个起支承作用的零件。由材料 HT250 可知，零件毛坯采用铸件，所以具有铸造工艺要求的结构，如

起模斜度、壁厚均匀、过度圆角等。

2. 详细分析

（1）分析表达方案　分析视图布局，找出主视图、其他基本视图、断面图、局部放大图等。根据剖视图、断面图的剖切方法、位置，分析剖视图、断面图的表达目的和作用。

（2）形体分析、想出零件的结构形状　先从主视图出发，联系其他视图进行分析。用形体分析法分析零件各部分的结构形状，难以看懂的结构，运用线面分析法分析，最后想出整个零件的结构形状。结合零件结构功能会使分析更加容易。

（3）分析尺寸　先找出零件长、宽、高三个方向的尺寸基准，然后从基准出发，找出主要尺寸。再用形体分析法找出各部分的定形尺寸和定位尺寸。在分析中要注意检查是否有多余和遗漏的尺寸，以及尺寸是否符合设计和工艺要求。

（4）分析技术要求　分析零件的尺寸公差、几何公差、表面粗糙度和其他技术要求，弄清哪些尺寸要求高，哪些尺寸要求低，哪些表面要求高，哪些表面要求低，哪些表面不加工，以便进一步考虑相应的加工方法。

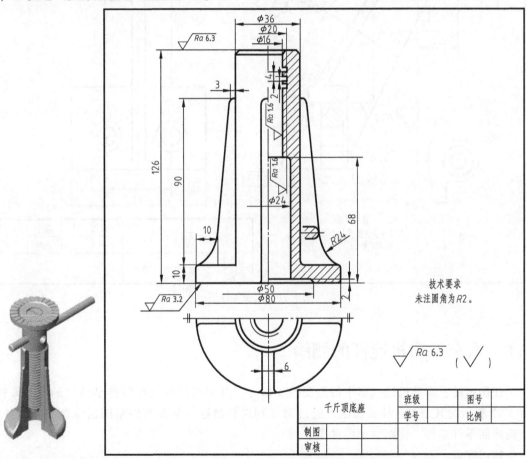

图 5-70　千斤顶底座

由图 5-70 所示千斤顶底座的零件图可以看出，其由两个视图组成，半剖的主视图和俯视图可以看出零件的基本结构形状。它的基本形体由上部圆筒、底部圆柱组成，内部圆孔一直挖通底部，底面和圆柱筒之间用四条肋板连接。

3. 归纳总结

综合分析，将图形、尺寸和技术要求等全面系统地联系起来，并参阅相关资料，得出零件的整体结构、尺寸大小、技术要求及零件的作用等完整的概念。

看零件图的过程中，不能将上述步骤机械地分开，这些步骤往往是同时进行的。另外，对于较复杂的零件图，往往要参考有关技术资料，如装配图，相关零件的零件图及说明书等，才能完全看懂。对于有些表达不够理想的零件图，需要反复仔细地分析才能看懂。

任务实施：读懂图 5-71 所示支架零件图，描述支架的形状和大小。

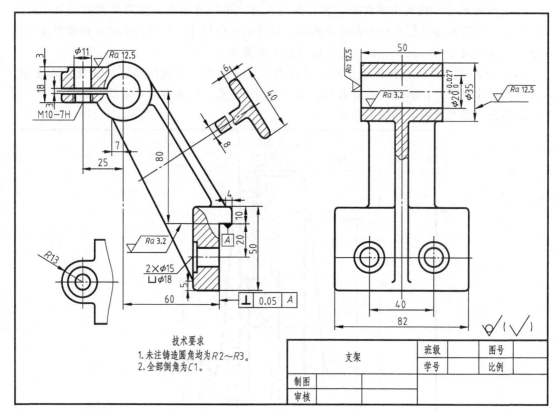

图 5-71　支架零件图

5.8　汽车发动机连杆的测绘

任务描述：发动机是汽车中的重要组成部分，其中的活塞连杆组件是动机的主要部件，图 5-72 所示为其中的连杆实物图。通过对实物进行测绘，掌握零件草图的绘制要求，并能正确绘制零件草图，进而绘制零件图。

知识准备：

一、零件的测绘

零件测绘是根据已有的实际零件进行分析，以目测估计图形与实物的比例，徒手画出它的草图，用测量工具测量实际零件并标注尺寸和技术要求，通过整理画成零件图的过程。在

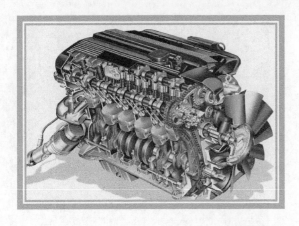

连杆

图 5-72　发动机及连杆

汽车修理和技术改造等过程中，常常需要进行零件测绘。

测绘零件大多在车间现场进行，绘图条件受到限制。零件图所具有的内容，零件草图也必须具备。

二、零件草图的绘制要求与零件测绘的方法、步骤

1. 零件草图的绘制要求

线型明显清晰、内容完整、投影关系正确、比例匀称、字迹工整。

2. 零件图测绘的方法、步骤

下面以图 5-73 所示的连杆零件图为例，说明零件测绘的方法和步骤。

（1）分析零件　了解零件的名称，材料，在汽车（部件）中的位置和作用，以及与其他相邻零件的装配关系，再对零件的内外结构形状进行分析，为下一步选择零件的表达方案做准备。

（2）确定零件的视图表达方案　首先根据零件的形状，判断零件属于哪一类典型零件（轴类、盘类、叉架类、箱体类等）再根据零件的结构特征，按照零件加工位置或工作位置确定主视图，再按零件的内、外结构特点，选用必要的其他视图、剖视图、断面图等表达方法。

图 5-72 所示的连杆属于叉架类零件。如图 5-73 所示，主视图按工作位置放置，考虑形状特征，选择剖视的主视图，左视图反映其形状如图，还采用了一个向视图和一个断面图表达零件结构。

（3）绘制零件草图（图 5-73）

1）根据零件的总体尺寸和大致比例确定图幅，在图纸上定出各视图的位置。根据估计图形的大小，画出作图的中心线，在布图时，要考虑各视图之间应留出标注尺寸的位置，右下角应留有标题栏的位置，详细画出各视图、剖视图、断面图等。

2）选择基准，画出全部尺寸的尺寸线、尺寸界线及箭头。仔细校核后，加深轮廓线。

3）逐个测量尺寸，填写尺寸数据并写出技术要求，完成草图。

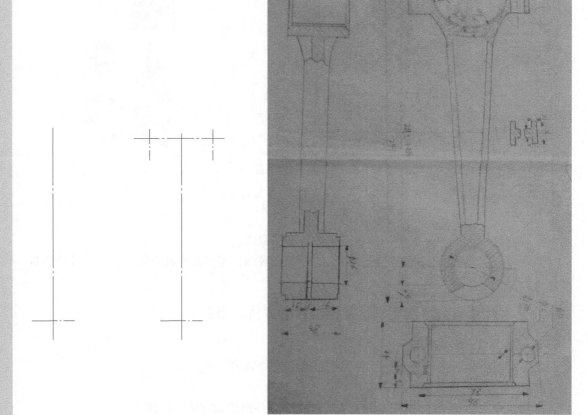

图 5-73　发动机连杆草图

三、由零件草图画出零件图

零件草图所考虑的问题不一定完善。因此，在画零件图时，需要对草图再进行审核，如表达方案是否完善，尺寸是否完整，技术要求是否合理等。根据草图完成的连杆零件图如图 5-74 所示。

任务实施：观察发动机曲柄连杆机构，绘制连杆零件图。

拓展知识：

一、键

1. 普通平键

键通常用于联结轴和轴上的零件（如齿轮、带轮），起传递转矩的作用。常用的键有普通平键、半圆键和钩头楔键等，应用最广的是普通平键。

（1）普通平键的类型及标记　普通平键分为圆头（A 型）、平头（B 型）和单圆头（C 型）三种，如图 5-75 所示，以 A 型应用较多。作为标准件，键的规定标记为

标准号　键　类型代号　$b \times h \times L$

其中，类型代号除 A 型可以省略不注外，B 型和 C 型均要注出。例如，键宽 $b = 16mm$、

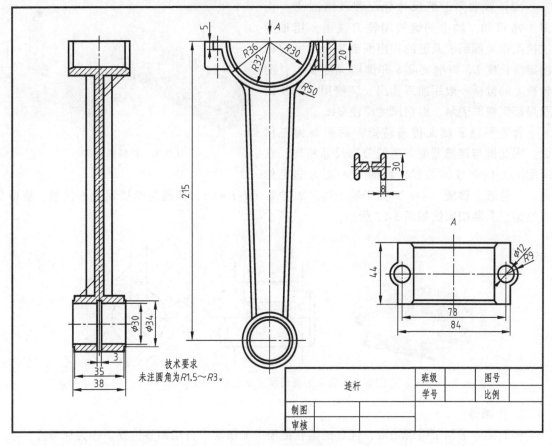

图 5-74　连杆零件图

键高 $h=10$mm、键长 $L=100$mm 的普通 A 型平键和普通 B 型平键的标记分别为

GB/T 1096　键 16×10×100

GB/T 1096　键　B16×10×100

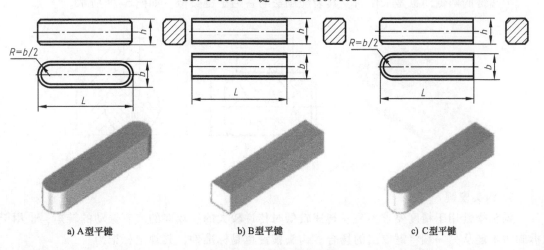

a) A型平键　　　　　　　　b) B型平键　　　　　　　　c) C型平键

图 5-75　普通平键的类型

（2）普通平键的尺寸标注和联结画法　由图5-76可知，轴上的键槽用铣刀铣出，用轴的主视图作局部剖视及键的移出断面表示尺寸要标注键槽长度 L、键槽宽度 b 和键槽深度 $d-t_1$；而轮毂上的键槽一般用插刀插出，键槽用全剖视图及局部剖视图表示，键槽深度应注 $d+t_2$。

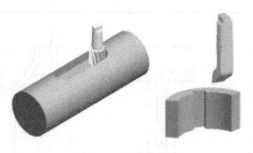

图 5-76　键槽的加工

普通平键靠侧面传递转矩，两侧面为工作面。因此键与键槽宽度方向的公称尺寸相同，在装配图上应画成一条线。键的上表面为非工作面，且轮毂上键槽（$d+t_2$）大于轴上槽深加键高（$d-t_1+h$），即键与键槽顶面不接触，应留有空隙，其装配画法如图5-77所示。

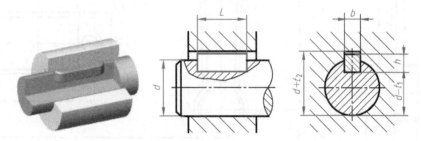

图 5-77　普通平键的尺寸标注和装配画法

2. 半圆键

半圆键一般用于锥形轴端，优点是键在键槽中能摆动，自动调整位置。作为标准件，半圆键的规定标记为

$$标准号\quad 键\ b{\times}h{\times}D$$

例如，键宽 $b=6\mathrm{mm}$、键高 $h=10\mathrm{mm}$、直径 $D=25\mathrm{mm}$ 的半圆键的标记为

$$\text{GB/T 1099.1}\quad 键\ 6{\times}10{\times}25$$

半圆键的两侧面也是工作面，其装配画法与普通平键类似，如图5-78所示。

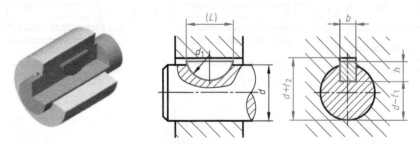

图 5-78　半圆键的尺寸标注和装配画法

3. 钩头楔键

钩头楔键用于精度要求不高、转速较低时传递较大的、双向的或有振动的转矩，也用于拆卸时不能从另一端将键取出的场合。钩头楔键也是标准件，其规定标记为

$$标准号\quad 键\ b{\times}L$$

例如，键宽 $b=18$mm、键高 $h=11$mm、键长 $L=100$mm 的钩头楔键的标记为

GB/T 1565　键 18×100

钩头楔键的上下两面是工作面，键的上表面和轮毂槽的底面各有 1：100 的斜度，装配时需打入键槽，靠楔紧作用传递转矩。因此，键的上表面和轮毂槽的底面在装配图中应画成一条线，这是与普通平键及半圆键画法的不同之处，如图 5-79 所示。

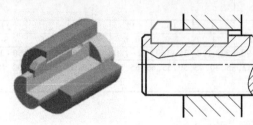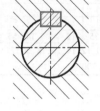

图 5-79　钩头楔键的装配画法

二、销

销通常用于零件间的联接或点定位。常用的有圆柱销、圆锥销、开口销等（图 5-80）。

a) 圆柱销　　　　　　b) 圆锥销　　　　　　c) 开口销

图 5-80　常见销的类型

1. 圆柱销

圆柱销用于定位零件时，为保证其定位精度，两零件的销孔应该用钻头同时钻出，然后用绞刀绞孔。圆柱销的画法及规定标记和尺寸见和表 5-14。

表 5-14　圆柱销（摘自 GB/T 119.1—2000）

标记示例：

公称直径 $d=8$mm、公差为 m6、公称长度 $l=30$mm、材料为钢、不经淬火、不经表面处理的圆柱销：

销　GB/T 119.1　8m6×30

d	2.5	3	4	5	6	8	10	12	16	20	25	30
$c\approx$	0.4	0.5	0.63	0.8	1.2	1.6	2	2.5	3	3.5	4	5
l	6~24	8~30	8~40	10~50	12~60	14~80	18~95	22~140	26~180	35~200	50~200	60~200
l 系列	6,8,10,12,14,16,18,20,22,24,26,28,30,32,35,40,45,50,55,60,65,70,75,80,85,90,95,100,120,140,160,180,200											

2. 圆锥销

圆锥销的锥度为 1：50，以小端直径为公称直径。圆锥销用于定位零件时，销孔的加工方法同圆柱销孔一样。圆锥销的画法及规定标记和尺寸见表 5-15。

表 5-15　圆锥销（摘自 GB/T 117—2000）

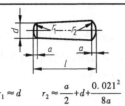

标记示例：

公称直径 $d=10mm$、公称长度 $l=60mm$、材料为 35 钢、热处理硬度为 28~38HRC、表面氧化处理的 A 型圆锥销：

销　GB/T 117　10×60

$$r_1 \approx d \qquad r_2 \approx \frac{a}{2}+d+\frac{0.021^2}{8a}$$

d	2.5	3	4	5	6	8	10	12	16	20	25	30
$a\approx$	0.3	0.4	0.5	0.63	0.8	1	1.2	1.6	2	2.5	3	4
l	10~35	12~45	14~55	18~60	22~90	22~120	26~160	32~180	40~200	45~200	50~200	55~200
l 系列	10,12,14,16,18,20,22,24,26,28,30,32,35,40,45,50,55,60,65,70,75,80,85,90,95,100,120,140,160,180,200											

3. 开口销

开口销一般用于锁紧螺栓与螺母。它的公称规格是指销穿过的孔的直径，它的实际直径小于孔的直径。开口销的画法及规定标记和尺寸见表 5-16。

表 5-16　开口销（摘自 GB/T 91—2000）

标记示例：

公称规格 $d=5mm$、公称长度 $l=50mm$、材料为 Q215 或 Q235 不经表面处理的开口销：

销　GB/T 91　5×50

公称规格	0.6	0.8	1	1.2	1.6	2	2.5	3.2	4	5	6.3	8	10	13
d_{max}	0.5	0.7	0.9	1	1.4	1.8	2.3	2.9	3.7	4.6	5.9	7.5	9.5	12.4
c_{max}	1	1.4	1.8	2	2.8	3.6	4.6	5.8	7.4	9.2	11.8	15	19	24.8
$b\approx$	2	2.4	3	3	3.2	4	5	6.4	8	10	12.6	16	20	26
a_{max}	1.6	1.6	1.6	2.5	2.5	2.5	2.5	3.2	4	4	4	4	6.3	6.3
l	4~12	5~16	6~20	8~25	8~32	10~40	12~50	14~63	18~80	22~100	30~125	40~160	45~200	71~250
l 系列	4,5,6,8,10,12,14,16,18,20,22,25,28,32,36,40,45,50,56,63,71,80,90,100,112,125,140,160,180,200,224,250													

三、弹簧

弹簧主要用于减振、夹紧、储存能量和测力等。弹簧的种类很多，有蜗卷弹簧、螺旋弹簧、碟形弹簧、板弹簧等，其中螺旋弹簧又分为压缩弹簧、拉伸弹簧和扭转弹簧等。图 5-81，仅展示了平面蜗卷弹簧和螺旋弹簧。本节仅简介圆柱螺旋压缩弹簧的尺寸计算和画法。

a) 平面蜗卷弹簧　　　b) 拉伸弹簧　　　c) 扭转弹簧　　　d) 压缩弹簧

图 5-81　弹簧的部分种类

1. 圆柱螺旋压缩弹簧各部分名称及尺寸关系（图 5-82）

（1）簧丝线径 d　制造弹簧的材料的直径，按标准选取。

（2）弹簧外径 D_2　弹簧的最大直径，$D_2=D+d$。

（3）弹簧内径 D_1　弹簧的最小直径，$D_1=D_2-2d$。

（4）弹簧中径 D　弹簧的平均直径，$D=(D_1+D_2)/2$。

（5）节距 t　除支承圈外，相邻两圈间的轴向距离。

（6）自由高度 H_0　指弹簧不受外力作用时的高度。

（7）弹簧的总圈数 n_1、支承圈数 n_2、有效圈数 n　为保证圆柱螺旋压缩弹簧工作时变形均匀，使中心轴线垂直于支承面，需将弹簧两端并紧、磨平 2.5 圈。并紧、磨平的各圈仅起

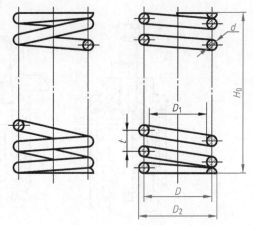

图 5-82　圆柱螺旋压缩弹簧各部分的尺寸

支承作用，故称为支承圈，其圈数称为支承圈数；保持节距的圈称为有效圈，其圈数称为有效圈数；两者之和称为总圈数。

（8）展开长度 L　制造弹簧时簧丝的下料长度，绕一圈所需长度为 $l=\sqrt{(\pi D)^2+t^2}$，所以展开长度为 $L=n_1 l$。

2. 圆柱螺旋压缩弹簧的规定画法

螺旋弹簧在平行于轴线的投影面的视图中，常用直线代替螺旋线，不论是左旋弹簧还是右旋弹簧，均可画成右旋，但左旋弹簧要注出"左"字。有效圈数在 4 圈以上的弹簧允许每端只画出 1~2 圈（支承圈除外），中间各圈可省略不画，但应画出簧丝中心线。弹簧的作图步骤如图 5-83 所示。

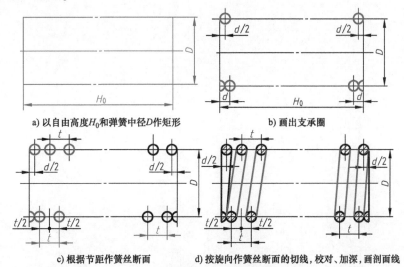

a) 以自由高度H_0和弹簧中径D作矩形　　　b) 画出支承圈

c) 根据节距作簧丝断面　　　d) 按旋向作簧丝断面的切线，校对、加深、画剖面线

图 5-83　圆柱螺旋压缩弹簧的作图步骤

在装配图中，弹簧后面被挡住的结构一般不画，可见部分从弹簧的外轮廓线或从弹簧钢丝剖面的中心线画起（图5-84a）；簧丝直径在图形上小于或等于2mm时，其剖面可用涂黑表示（图5-84b），也可用示意画法表示（图5-84c）。

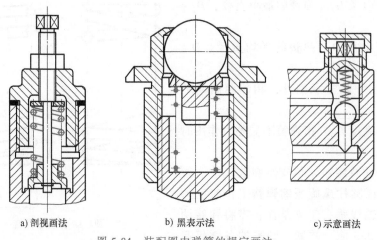

a) 剖视画法　　　　　　b) 黑表示法　　　　　　c) 示意画法

图5-84　装配图中弹簧的规定画法

四、各形状及位置公差带

作　业

完成"学习工作页"单元5测试题和技能训练。

单元 6 汽车装配图的识读与绘制

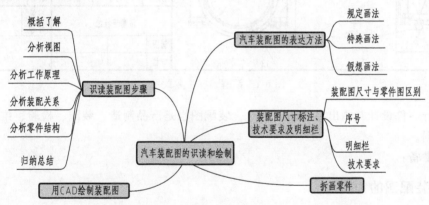

学习目标

1) 掌握汽车装配图的内容及表达方法。
2) 掌握汽车装配图的尺寸标注内容。
3) 通过汽车装配图了解常见装配结构。
4) 掌握识读汽车部件装配图的方法和步骤。
5) 能够绘制中等复杂程度汽车部件的装配图。

知识结构图

重点:
1. 识读装配图,掌握装配图内容和特殊表达方法。
2. 识读装配图方法和步骤。

难点:
拆画零件图。

6.1 汽车装配图的表达方法

任务描述:表达机器或部件装配的图样,称为装配图。装配图反映设计者的意图,通常用来表达机器或部件的工作原理及零件间的装配、连接关系,是机械设计和生产中的重要技术文件之一。图 6-1 所示为汽车发动机活塞连杆组装配图,活塞连杆组是发动机中的一个重要组成部分,其装配、维修质量直接影响发动机的动力性、经济性、排放和寿命等。通过图 6-1 可以看到活塞、活塞销、连杆等零件的装配关系。

任务分析:装配图是机械设计、制造、使用、维护及进行技术交流的重要文件。在产品设计中,一般先根据产品的工作原理图画出装配草图,由装配草图整理成装配图,然后根据

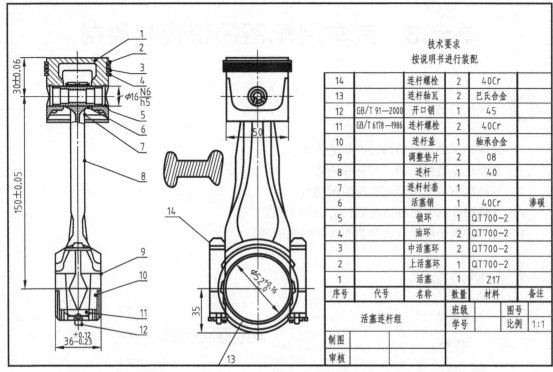

14		连杆螺栓	2	40Cr	
13		连杆轴瓦	2	巴氏合金	
12	GB/T 91—2000	开口销	1	45	
11	GB/T 6178—1986	连杆螺栓	2	40Cr	
10		连杆盖	1	轴承合金	
9		调整垫片	2	08	
8		连杆	1	40	
7		连杆衬套	1		
6		活塞销	1	40Cr	渗碳
5		锁环	1	QT700-2	
4		油环	2	QT700-2	
3		中活塞环	2	QT700-2	
2		上活塞环	1	QT700-2	
1		活塞	1	Z17	
序号	代号	名称	数量	材料	备注

技术要求
按说明书进行装配

活塞连杆组			班级		图号	
			学号		比例	1:1
制图						
审核						

图 6-1 活塞连杆组装配图

装配图进行零件设计并画出零件图，同时，装配图也是产品制造、装配、检验、维修和使用的技术依据。

知识准备：

一、装配图的内容

由图 6-1 所示的活塞连杆组装配图可以看出一张装配图主要包括以下方面的内容：

（1）一组视图　用一组视图完整、清晰、简便地表达出装配体的工作原理，以及零件之间的装配关系、连接方式和重要零件的结构形状。

（2）必要的尺寸　在装配图上只标出反映机器或部件的规格、性能、外形及装配、检验、安装时所需要的尺寸。如图 6-1 中，$\phi 52_{0}^{+0.16}$、$36_{-0.23}^{+0.12}$ 为规格尺寸，30 ± 0.06、150 ± 0.05 为安装尺寸，$\phi 16\frac{N6}{h5}$ 为装配尺寸。

（3）技术要求　用文字或符号说明装配体的性能、装配、检验、调试、使用等方面必须满足的技术条件。

（4）标题栏、零件的序号和明细栏　在装配图上，必须对每个零件进行编号，并在明细栏中依次列出零件序号、代号、名称、数量、材料等。在标题栏中，写明装配体的名称、图号、绘图比例及有关人员的签名等。

二、装配图的表示方法

装配图的表示方法和零件图基本相同，都是通过各种视图、剖视图和断面图等来表示

的，所以零件图中所应用的各种表示法都适用于装配图。但两种图样的要求不同，所表达的
侧重点也不同。装配图侧重表达装配体的工作原理、装配关系和主要零件的主要结构。因
此，装配图的布图一般符合其工作位置且采用剖视图。

在装配图中，为了表达出不同的零件及各零件之间的关系，在画法上可采用规定画法和
特殊画法。

1. 装配图的规定画法

（1）相邻两零件的接触面和配合面。两相邻零件的接触面和配合面只画一条线，但是，
如果两相邻零件不接触，即使间隙很小，也必须画成两条线，如图 6-2a 所示。

（2）装配图中剖面线。相邻的两个或两个以上金属零件，剖面线的倾斜方向应相反或
间隔不同，但同一零件的剖面线方向和间隔在各视图中应保持一致，如图 6-2b 所示。

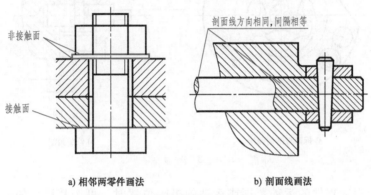

a) 相邻两零件画法　　　　b) 剖面线画法

图 6-2　装配图中相邻零件的表达方法

（3）螺纹紧固件及实心件

在装配图中，当剖切平面通过螺钉、螺母、垫圈等紧固件及轴、连杆、球、键和销等实
心零件的对称平面或轴线时，这些零件均按不剖切绘制。当零件厚度在图形中小于 2mm 时，
允许用涂黑代替剖面符号。如图 6-3 所示。

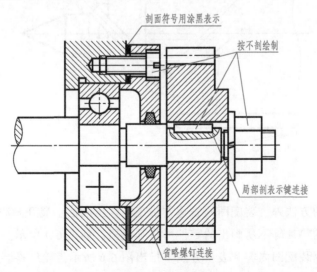

图 6-3　装配图的简化画法

2. 装配图的特殊画法

（1）拆卸与剖切画法　有些零件在某个视图上已将装配关系或零件的形状表达清楚，或为了简化图形，可将某些零件在该视图上拆去不画。

（2）假想画法　为表示部件或机器的作用、安装方法，可将其他相邻零件、部件的部分轮廓用细双点画线画出，如图 6-4 所示。

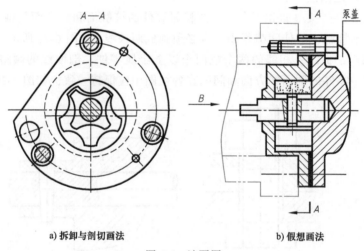

a) 拆卸与剖切画法　　　　　　b) 假想画法

图 6-4　油泵图

当需要表示运动零件的运动范围或运动的极限位置时，可按其运动的一个极限位置画出，再用细双点画线画出另一极限位置的图形，如图 6-5 所示。

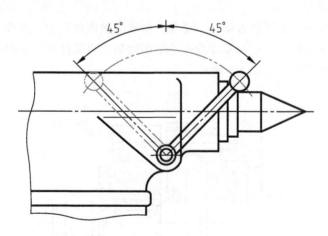

图 6-5　运动零件的极限位置

除了以上介绍的方法外，装配图的表达方法还有移出画法、展开画法、夸大画法等。在装配图中，对于薄的垫片等不易画出的零件可将其涂黑，如图 6-4 所示。

任务实施：根据装配图内容和表示方法，指出图 6-6 所示齿轮组件装配图表达了哪些内容，并指出装配图和零件图在表达方面有什么异同之处。

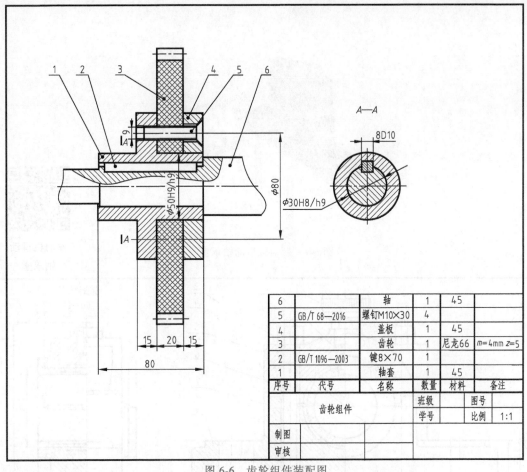

6		轴	1	45	
5	GB/T 68—2016	螺钉M10×30	4		
4		盖板	1	45	
3		齿轮	1	尼龙66	$m=4mm\ z=5$
2	GB/T 1096—2003	键8×70	1		
1		轴套	1	45	
序号	代号	名称	数量	材料	备注
齿轮组件			班级		图号	
			学号		比例	1:1
制图						
审核						

图 6-6　齿轮组件装配图

6.2　汽车装配图的尺寸标注、零部件编号及明细栏

学习目标：

1）汽车装配图尺寸标注。

2）汽车装配图的零部件编号。

3）汽车装配图的明细栏。

任务描述：汽车零部件装配图中应标出必要的尺寸，说明装配体的性能、装配、检验等方面的技术指标。为便于识读图形和图样管理、生产准备、机器安装，对装配图上各零部件都要编注序号和代号。

任务分析：装配图表达的重点是反映机器或部件的工作原理、装配体和装配零件间的装配关系，而不侧重每个零件的各部分结构形状。因此其尺寸标注的要求不同于零件图，不需要注出每个零件的全部尺寸，一般只需标注出规格尺寸、装配尺寸、安装尺寸、外形尺寸和其他重要尺寸。如图 6-7 所示，汽车发动机上的滑动轴承通过上轴承座、下轴承座和轴瓦等零件支承着曲轴和凸轮轴转动，从而使发动机完成相应的工作。图 6-8 所示为滑动轴承座装配图。

图 6-7　发动机滑动轴承座

发动机滑动
轴承座

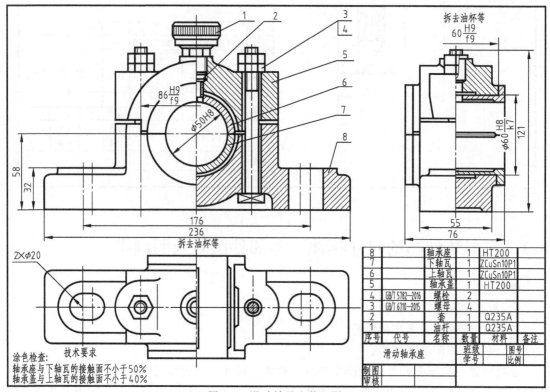

图 6-8　滑动轴承座装配图

知识准备：

一、汽车部件装配图的尺寸标注

装配图尺寸

（1）规格尺寸　说明部件规格或性能的尺寸，是设计和选用产品时的主要依据。图 6-8
中的 ϕ50H8 就是规格尺寸。

（2）装配尺寸　装配尺寸是保证部件正确装配，并说明配合性质及装配要求的尺寸，如图 6-8 中的尺寸 86H9/f9、60H9/f9、φ60H8/k7 等。

（3）安装尺寸　将部件安装到地基或与其他机器或部件相连接时所需要的尺寸。如图 6-8 中的地脚螺栓孔的尺寸 176。

（4）外形尺寸　机器的总长、总宽和总高尺寸，它反映了机器或部件的体积大小，在包装、运输和安装过程中所占空间的大小，如图 6-8 中的尺寸 236、121 和 76。

（5）其他重要尺寸　除以上四类尺寸外，在装配或使用过程中必须说明的尺寸，如运动零件的位移尺寸等。

需要说明，每一张图样上不一定都具有上述五类尺寸，某些尺寸有时兼有几种意义。

二、装配图零部件序号

在生产中，为便于图样管理、看图和装配工作，必须对装配图中的所有零部件编注序号和代号、同时在图样上编制相应的明细栏，序号的注写形式如图 6-8 所示。

1. 一般规定

1）装配图中所有零部件都必须编注序号，规格相同的零件只编一个序号，标准件如螺栓、螺母、垫片、滚动轴承、电机等，可视为一个整体编注一个序号。

2）装配图中零件序号应与明细栏中的序号一致。

2. 序号的组成

装配图中的序号一般由指引线（细实线）、圆点（或箭头）、横线（或圆圈）和数字组成，如图 6-9 所示，序号的数字高度比装配图中标注的尺寸数字的字高大一号或两号。

具体要求如下：

1）指引线不要与轮廓线或剖面线等图线平行，指引线之间不允许交叉，但允许弯折一次。若所指部分内不宜画圆点时，可在指引线的末端画出箭头，并指向该部分的轮廓。如图 6-9a 所示。

2）一组紧固件及装配关系清楚的零件组，可以采用公共的指引线。

3）序号应沿水平或垂直方向按顺时针或逆时针方向排列整齐书写，如图 6-9b。

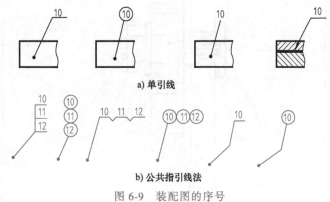

a) 单引线

b) 公共指引线法

图 6-9　装配图的序号

三、明细栏

明细栏是机器或部件中所有零部件的详细目录，栏内主要填写零件序号、代号、名称、数量、材料及备注等内容。明细栏一般绘制在标题栏上方，明细栏和标题栏的分界线是粗实线，竖线为粗实线，横线为细实线，零件序号从下往上顺序填写，当位置不够时，也可紧靠在标题栏左方自下而上延续。明细栏的格式、填写方法等遵循 GB/T 10609.2—2009《技术制图　明细栏》。企业有时也会有各自的标题栏、明细栏格式。本书推荐的装配图作业明细栏格式如图 6-10 所示。

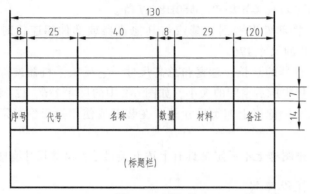

图 6-10　明细栏

四、技术要求

用文字或符号在装配图上说明机器或部件的装配、检验要求和使用方法。

任务实施：识读图 6-11 所示齿轮心轴部件装配图，将明细栏补充完整（齿轮 $m=2\text{mm}$，$z=25$）。

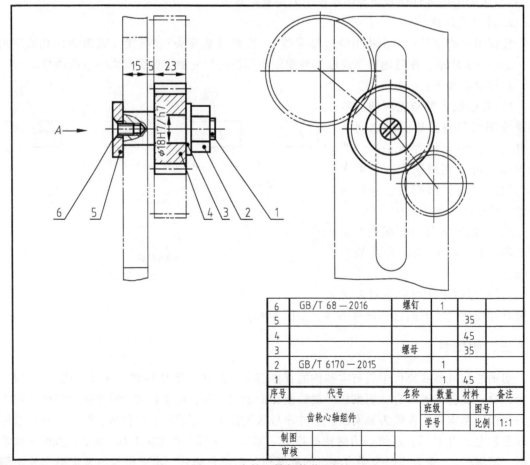

图 6-11　齿轮心轴部件装配图

6.3　识读汽车装配图

任务描述：在产品生产中，经常要通过识读装配图进行产品的设计、安装、调试、维修及技术交流。不同岗位的技术人员，读图的目的不同。读装配图的目的是了解机器或部件的用途、工作原理、零件的连接方法和拆卸顺序等。

任务分析：熟练识读装配图是工程技术人员必须具备的能力。在产品设计时，需依据装配图设计零件并画出零件图；在装配时，需根据装配图将零件装配成部件和机器；在使用、维护或技术交流时，也常用装配图来了解设计者的意图和操作的方法与步骤。

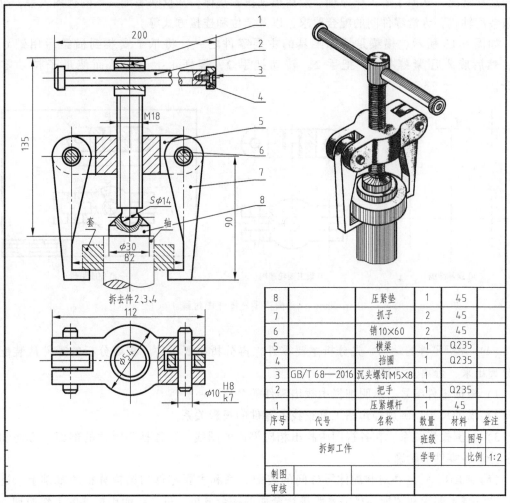

8		压紧垫	1	45	
7		抓子	2	45	
6		销10×60	2	45	
5		横梁	1	Q235	
4		挡圈	1	Q235	
3	GB/T 68—2016	沉头螺钉M5×8	1		
2		把手	1	Q235	
1		压紧螺杆	1	45	
序号	代号	名称	数量	材料	备注

图 6-12　拆卸工具

知识准备：

一、读装配图的方法和步骤

现以图 6-12 所示的拆卸工具为例，说明读装配图的方法和步骤。

（1）概括了解　从标题栏和有关的说明中了解机器或部件的名称及大致的用途；从明细栏和图中的编号了解机器或部件的组成。图 6-12 所示的拆卸工具共由 8 个零件组成。

（2）对视图进行初步的分析　明确各视图的表达方法，投影关系和剖切位置，从而搞清楚各视图表达的重点，想象出主要零件的主要结构形状。如图 6-12 所示，拆卸工具采用了两个视图表达，主视图采用了全剖，反映出各个零件间的装配关系，俯视图采用了局部剖，反映出拆卸工具中零件 5、6、7 的装配关系。

（3）分析工作原理和装配关系　在概括了解的基础上，应对照各视图进一步研究机器或部件的工作原理、装配关系。看图应先从反映工作原理的视图入手，分析机器或部件中零件的运动情况，从而了解工作原理。然后根据投影规律，从反映装配关系的视图入手，分析各条装配轴线，弄清零件间的配合要求，以及定位和连接方式等。

如图 6-13 所示，横梁是拆卸工具的主要零件之一，将爪子安装到横梁后用销 6 固定，然后旋入压紧螺杆 1、把手 2。转动把手 2，螺杆 1 上升，从而使爪子拉动零件上升。

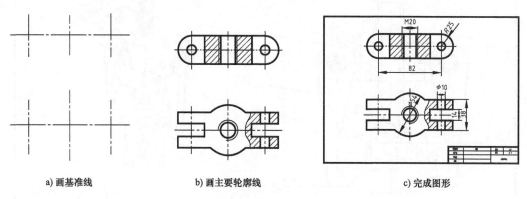

a) 画基准线　　　　　b) 画主要轮廓线　　　　　c) 完成图形

图 6-13　横梁零件图作图过程

（4）分析零件的结构　先分析主要零件，再分析次要零件，将要分析的零件从装配图中分离出来，分离方法如下：

1）根据零件编号，从明细栏中找出零件的名称。

2）借助尺子、圆规等作图工具查找各零件的投影关系。

3）根据投影关系，在各视图中找出相应零件的图线，再根据各零件的剖面线方向和间隔，分清各零件的轮廓。

（5）归纳总结　在对装配体零件间的装配关系和主要零件的结构分析的基础上，还要对尺寸、技术要求和装配连接关系等进行全面的综合分析，进一步明确机器的工作原理、零件的形状和各零件的运动状况，以及零件的连接方式和拆装顺序等。

二、拆画零件图

读懂图 6-12 所示拆卸工具的装配图，拆画横梁 5 的零件图，拆画零件图的方法如下：

1）读懂装配图，确定所拆画零件的结构形状。

2）确定零件视图的表达方法。

3）标注尺寸和极限偏差值。

4）标注表面粗糙度及其他技术要求。

5）校核零件图。

拆画步骤如图 6-13 所示。

任务实施：识读汽车常用工具千斤顶的装配图，拆画起重螺杆（见学习工作页）。

6.4　用 CAD 绘制装配图

任务描述：机用台虎钳是汽车维修过程中经常要用到的夹紧工具，如图 6-14 所示，图 6-15 所示为机用台虎钳的装配图作图步骤，通过学习该装配图的绘制，掌握装配图的图形选择与绘制，以及装配图绘制的方法和步骤。

任务分析：

（1）工作原理　机用台虎钳是用于夹紧零件，以便进行加工的夹具。当转动螺杆时，通过方螺母（用螺钉和活动钳身固定在一起），带动活动钳身沿着固定钳身移动，从而使钳口板开启或闭合，起到夹紧或松开被夹紧件的作用。

（2）表达方法　机用台虎钳由 11 个零件组成，其装配图中有主视图、俯视图、左视图等，基本视图中分别采用了全剖视图、半剖视图、局部剖视图的表达方法。

（3）主要零件及结构　螺杆是轴类零件，杆身上加工有大径为 ϕ18mm 的矩形螺纹，起传动作用。左端有销，右端有与手柄连接的方头结构。直径为 ϕ20mm 的圆柱表面和固定钳身上的孔采用间隙配合。活动钳身依靠方螺母带动进行传动，并与方螺母通过螺钉来联接固定。钳口板和固定钳身采用螺钉联接固定。

知识准备：绘制装配图之前，先了解机器或部件的作用、性能、结构特点和各零件间的装配关系等。

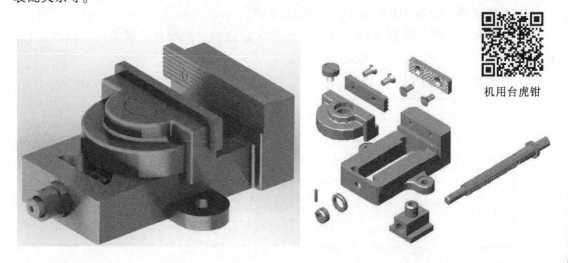

机用台虎钳

图 6-14　机用台虎钳

一、装配图的视图选择

装配图的作用是表达机器或部件的工作原理、装配关系及主要零件的结构形状。视图选择的目的是以最少的视图，完整、清晰地表达出机器或部件的装配关系和工作原理，其一般步骤如下：

（1）部件分析　对要绘制的机器或部件的工作原理、装配关系及主要零件形状、零件与零件之间的相对位置、定位方式等进行深入细致的分析。

（2）确定主视图的方向　主视图应能较好地表达部件的工作原理和主要装配关系，并尽可能按工作位置放置，使主要装配轴线处于水平或垂直位置。

（3）确定其他视图　针对主视图还没有表达清楚的装配关系和零件间的相对位置，选用其他视图给予补充。

二、装配图的作图步骤

1）根据所确定的装配图表达方案、比例，选定图幅，画出各视图的主要中心线、轴线、对称线及基准线等。.

2）绘制主要零件的轮廓线，机用台虎钳的主要零件是机座。

3）画其他零件及各部分的细节。

4）整理加深、标注尺寸、编写零件序号、填写明细栏和标题栏，写出技术要求，完成全图。

下面以机用台虎钳的装配图为例，介绍装配图的作图步骤：

1）画出图框、各视图的主要中心线、轴线、对称线及基准线等，如图 6-15a 所示。

2）画出主体零件（机座）的主要结构，如图 6-15b 所示。

3）画出其他零件及各部分的细节。

4）检查底稿，绘制标题栏及明细栏并加深全图。

5）标注尺寸，编写零件序号，填写明细栏和标题栏，注明技术要求等，如图 6-15c 所示。

6）仔细检查完成全图。

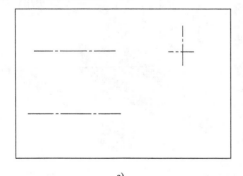
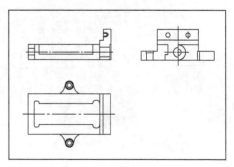

a)　　　　　　　　　　　　　b)

图 6-15　机用台虎钳装配图作图步骤

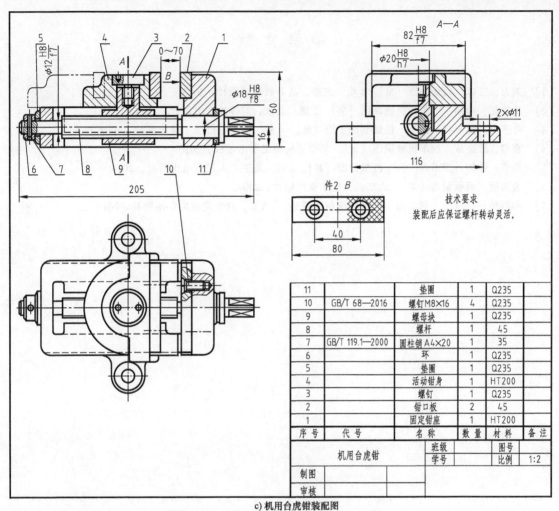

技术要求
装配后应保证螺杆转动灵活。

11		垫圈	1	Q235	
10	GB/T 68—2016	螺钉M8×16	4	Q235	
9		螺母块	1	Q235	
8		螺杆	1	45	
7	GB/T 119.1—2000	圆柱销 A4×20	1	35	
6		环	1	Q235	
5		垫圈	1	Q235	
4		活动钳身	1	HT200	
3		螺钉	1	Q235	
2		钳口板	2	45	
1		固定钳座	1	HT200	
序 号	代 号	名 称	数 量	材料	备注
机用台虎钳			班级	图号	
			学号	比例	1:2
制图					
审核					

c) 机用台虎钳装配图

图 6-15 机用台虎钳装配图作图步骤（续）

作 业

完成"学习工作页"单元 6 测试题和技能训练。

参 考 文 献

[1]　刘力，王冰. 机械制图 [M]. 4 版. 北京：高等教育出版社，2013.

[2]　史艳红，周楠，韦芳. 机械制图 [M]. 2 版. 北京：高等教育出版社，2014.

[3]　叶玉驹，焦永和，张彤. 机械制图手册 [M]. 4 版. 北京：机械工业出版社，2008.

[4]　曹静，陈金炆. 汽车机械识图 [M]. 北京：机械工业出版社，2010.

[5]　房芳，陈婷，李东兵. 汽车机械识图 [M]. 2 版. 北京：人民邮电出版社，2014.

[6]　金大鹰. 机械制图 [M]. 北京：机械工业出版社，2004.

[7]　路淑华，弓彦荣，赵汉雨. 汽车机械制图 [M]. 西安：西安交通大学出版社，2014.